CADERNOS DE PROCESSO DO TRABALHO
N. 23

Dedico este Caderno
ao Armando Casimiro Costa Filho, *in memoriam*.

Manoel Antonio Teixeira Filho

Advogado — Juiz aposentado do TRT da 9ª Região – Fundador da Escola da Associação dos Magistrados do Trabalho do Paraná — Professor Emérito do Centro Universitário de Curitiba-Unicuritiba – Professor na Escola da Magistratura do Trabalho do Paraná — Membro do *Instituto Latinoamericano de Derecho del Trabajo y de la Seguridad Social* — do Instituto de Direito Social do Brasil —da *Société Internacionale de Droit du Travail et de la Sécurité Sociale* — do Instituto dos Advogados do Paraná — da Academia Nacional de Direito do Trabalho — da Academia Paranaense de Letras Jurídicas – do Instituto dos Advogados de São Paulo.

CADERNOS DE PROCESSO DO TRABALHO N. 23

RECURSOS

PARTE GERAL II

De acordo com a Lei n. 13.467/2017 ('Reforma Trabalhista')

LTr®

EDITORA LTDA.

Rua Jaguaribe, 571
CEP 01224-003
São Paulo, SP — Brasil
Fone (11) 2167-1101
www.ltr.com.br
Janeiro, 2019

Produção Gráfica e Editoração Eletrônica: PIETRA DIAGRAMAÇÃO
Projeto de capa: FABIO GIGLIO
Impressão: BOK2

Versão impressa — LTr 6023.8 — ISBN 978-85-361-9927-6
Versão digital — LTr 9517.8 — ISBN 978-85-361-9941-2

Dados Internacionais de Catalogação na Publicação (CIP)

(Câmara Brasileira do Livro, SP, Brasil)

Teixeira Filho, Manoel Antonio

Cadernos de processo do trabalho, n. 23: recursos: parte geral II: de acordo com a Lei n. 13.467/2017 ('reforma trabalhista')/Manoel Antonio Teixeira Filho. – São Paulo: LTr, 2019.

Bibliografia.

ISBN 978-85-361-9927-6

1. Direito processual do trabalho 2. Direito processual do trabalho – Brasil 3. Recursos (Direito) I. Título.

18-22268 CDU-347.9:331(81)

Índice para catálogo sistemático:

1. Brasil: Direito processual do trabalho 347.9:331(81)

Cibele Maria Dias – Bibliotecária – CRB-8/9427

SUMÁRIO

(Continuação do Caderno XXII)

1.5. Objetivos (ou extrínsecos)

1.5.1. Recorribilidade do ato

O primeiro exame que incumbe ao juízo de admissibilidade realizar, sob o aspecto objetivo, é se o recurso é cabível naquele caso, ou seja, se não há, no ordenamento processual, qualquer veto ao exercício da pretensão recursal.

Como sabemos, em certas hipóteses a lei veda a possibilidade de impugnação do ato jurisdicional infenso aos interesses da parte. Isso ocorre, *e.g.*, com respeito aos despachos de mero expediente (CPC, art. 1.001); às decisões interlocutórias (CLT, art. 893, § 1º); às sentenças proferidas nas ações de competência exclusiva do órgão de primeiro grau (Lei n. 5.584/70, art. 2.º, § 4.º) ou às decisões de liquidação (CLT, art. 884, § 3.º).

A sentença homologatória de transação, ainda que seja irrecorrível para as partes, não o é para a Previdência Social, no que concerne às contribuições que lhe são devidas, nos termos dos arts. 831, parágrafo único, e 832, § 4.º, da CLT.

A lembrar-se, ainda, não ser admissível recurso de revista de acórdão regional proferido em agravo de instrumento (TST, Súmula n. 218).

Constatando a presença de qualquer veto legal à impugnação – pela via recursal – do ato atacado, deverá o juiz denegar o apelo interposto, com o fundamento de ser "incabível na espécie" – para utilizarmos a expressão usual.

O problema de estabelecer quais os atos recorríveis e quais os que não comportam recurso relaciona-se com a política legislativa, que pode sofrer, ao longo dos anos, natural influência de fatores diversos; ao juiz cabe, apenas, nesses casos, tornar concreta a vontade da lei, admitindo ou denegando recursos, conforme seja a hipótese. Não lhe é permitido, por isso, admitir remédio quando a lei não o consente, nem recusá-lo quando esta permitir que o interessado dele se valha, contanto que atenda aos requisitos concernentes ao exercício desse direito processual.

1.5.2. Regularidade formal do ato

Em livros anteriores, não havíamos inserido a regularidade formal do ato no elenco dos pressupostos objetivos para a admissibilidade dos recursos em geral. Melhor refletindo, nos convencemos de que essa inclusão era necessária, para atendermos a um imperativo da realidade prática. Justifiquemo-nos. Não basta que a parte, ao recorrer, atenda aos pressupostos subjetivos e objetivos, mas deixe, por exemplo, de assinar a petição de interposição do recurso e as correspondentes razões pelas quais pretende modificar o ato impugnado. É certo que a SBDI-I, do TST, procurou abrandar as consequências da falta de assinatura nessas peças processuais, ao dispor, em sua Orientação Jurisprudencial n. 120: "Recurso. Assinatura da petição ou das razões recursais. Art. 932, parágrafo único, do CPC de 2015. (alterada em decorrência do CPC de 2015) Res. 212/2016, DEJT divulgado em 20, 21 e 22.09.2016. I - Verificada a total ausência de assinatura no recurso, o juiz ou o relator concederá prazo de 5 (cinco) dias para que seja sanado o vício. Descumprida a determinação, o recurso será reputado inadmissível (art. 932, parágrafo único, do CPC de 2015). II - É válido o recurso assinado, ao menos, na petição de apresentação ou nas razões recursais".

Em que pese ao fato de esse entendimento da SBDI-I poder ser refutado sob o aspecto estritamente tecno-jurídico, não se pode negar que procurou fazer justiça à parte que, havendo assinado a petição de interposição do recurso, se esqueceu de subscrever as pertinentes razões, ou vice-versa. Cogitar-se de inexistência do recurso, nesta situação, seria, efetivamente, render homenagem a um formalismo incompatível com o princípio da simplicidade, que informa o processo do trabalho. Todavia, se nenhuma das duas peças estiver assinada, ou seja, nem a petição de interposição do recurso, nem as razões dirigidas ao órgão *ad quem*, cumprirá ao juízo *a quo*, ou mesmo ao relator, conceder ao recorrente o prazo de cinco dias para que supra a falta (CPC, art. 932, parágrafo único). Somente se o recorrente deixar de sanar a falha no prazo assinado é que o recurso deverá ser considerado juridicamente inexistente e, em razão disso, não ser admitido.

Convém ressaltar que o ato inexistente não se confunde com o nulo, pois enquanto este *possui existência*, embora em desacordo com a lei, aquele, por definição, *não existe* juridicamente, correspondendo por isso, ao nada, ao *nihil* – sendo, por esse motivo, destituído de eficácia para produzir efeitos na ordem jurídica. Ademais, o ato nulo é passível de trânsito em julgado, ao passo que esta possibilidade jamais ocorrerá com o ato inexistente, pois o nada a nada conduz.

Se se tratasse de sentença não assinada pelo juiz, embora esta igualmente se conformasse ao conceito de ato inexistente, não se poderia pensar em irregularidade formal do ato, com vistas ao pressuposto objetivo que estamos a examinar. Vale dizer: o caso seria de falta de *interesse processual*, que é um pressuposto subjetivo, porquanto a parte estaria, por meio do recurso, a procurar modificar uma decisão que, simplesmente, não existe na esfera jurídica. A existência da sentença, nesta hipótese, é, apenas, material, ou seja, pode ser percebida no mundo sensível, malgrado desprovida de eficácia para gerar efeito na ordem jurídica.

1.5.3. Adequação

Por adequação entende-se a conformidade do recurso com a decisão por ele impugnada, segundo a previsão legal (p. ex., cabe recurso ordinário das sentenças proferidas pela Vara do Trabalho ou pelos Tribunais Regionais, no exercício de sua competência originária). Para cada espécie de pronunciamento jurisdicional a lei prevê um recurso próprio, específico, ou seja, *adequado*. Daí, a *adequação* figurar como um dos pressupostos objetivos para a admissibilidade dos recursos em geral.

À parte incumbe, em virtude disso, escolher o meio apropriado para impugnar a decisão com a qual não concorda. Essa afirmação nos coloca, outra vez, diante dos princípios da variabilidade e da fungibilidade, que pudemos examinar anteriormente (subitens 14.1 e 14.2). Para que não nos tornemos repetitórios, remetemos o leitor àquela parte da obra.

Permitimo-nos, apenas, reproduzir a conclusão que efetuamos acerca do assunto, em outro trabalho ("Variabilidade e Fungibilidade dos Recursos", Curitiba: Revista Jurídica do Diretório Acadêmico Clotário Portugal, da Faculdade de Direito de Curitiba, n. 2, ano III, 1983, p. 111/118). É a seguinte: a variabilidade deve ser amplamente admitida no processo do trabalho, desde que atendidos os correspondentes pressupostos de admissibilidade, vedada, em qualquer hipótese, a dupla interposição; a fungibilidade, contudo, somente será possível quando se tratar de erro sanável, assim entendido aquele que não compromete a logicidade e a estrutura do sistema recursal. Sendo a erronia na interposição daquelas insanáveis (erro grosseiro), não se deverá adotar nenhuma providência salvadora do remédio inadequado, cuja consequência será a sua inadmissibilidade, já pelo próprio juízo *a quo*.

Os fundamentos jurídicos da incidência dos princípios da variabilidade e da fungibilidade no processo do trabalho encontram-se não apenas na sobrevivência espectral das regras constantes dos arts. 809 e 810 do CPC de 1939, mas, também, nos princípios informativos deste processo especializado, dentre os quais se destaca, no particular, o da simplicidade dos atos integrantes do procedimento.

Convém esclarecer que, para variar de recurso, a parte deve manifestar, expressamente, a sua intenção de *desistir* do que fora por primeiro interposto (e de maneira inadequada). Se o recorrente houver constituído um procurador judicial, este deverá ser dotado de poderes para formular essa desistência (CPC, arts. 998 e 105). Ademais, a variação só pode ser efetuada se ainda estiver em curso o prazo para recorrer.

Lembra Pontes de Miranda que há sempre um elevado propósito político de salvar o processo das nulidades, fato que autoriza a afirmar-se, por extensão, que esse escopo também se dirige aos recursos erroneamente interpostos. Afinal, estamos falando de processo do trabalho.

1.5.4. Tempestividade

Já se disse, com propriedade, que o tempo constitui uma das dimensões fundamentais da vida humana. E o fator tempo relaciona-se, intimamente, com o processo, no qual os atos dos sujeitos que dele participam (e não apenas das partes, em sentido estrito) devem ser praticados dentro dos prazos fixados por lei.

Não é unânime, entre os dicionaristas, a etimologia do vocábulo *prazo*. Sustenta Caldas Aulete ("Dicionário Contemporâneo da Língua Portuguesa", vol. 4, Rio: Edit. Delta, 1964, p. 3234), que ele é originário do latim *placitum* (de *placere* = agradar, estar contente); para De Plácido e Silva ("Vocabulário Jurídico", vol. 3, Rio. Edit. Forense, 1967, p. 1192), a sua origem está em *platea* (praça, espaço), também do latim, do qual proveio a forma *plazo* da língua espanhola, para expressar o espaço de tempo em que as coisas são feitas.

Parece-nos mais congruente a origem indicada por De Plácido e Silva, pois, na terminologia processual, prazo significa, exatamente, o lapso de tempo, estabelecido por lei ou pelo próprio juiz, dentro do qual uma ou ambas as partes devem praticar os atos que lhes competem.

Do verbete *prazo* defluem o verbo *aprazar* (marcar prazo) e os substantivos *aprazamento* (designação de prazo) e *aprazador* (o que dá prazo).

Os recursos devem ser interpostos dentro do prazo fixado por lei, que é peremptório. Desse modo, esgotado o prazo, o direito de exercer a pretensão recursal torna-se precluso. A interposição, depois de exaurido o prazo, faz com que o apelo não seja admitido por sua intempestividade. Em rigor, a interposição intempestiva de um recurso significa que a decisão, que se pretendia impugnar por esse meio, transitou em julgado.

Não se permite, no processo do trabalho, que as partes convencionem quanto à redução ou prorrogação dos prazos processuais, em geral, e os recursais, em particular – a despeito de o CPC de 2015 não haver reproduzido a regra constante do art. 182, *caput*, do CPC de 1973. Ao próprio magistrado é vedado reduzir prazos peremptórios sem anuência das partes. (CPC, art. 222, § 1.º). No processo do trabalho, mesmo havendo anuência das partes, os prazos ditos peremptórios não podem ser reduzidos. A prorrogação do prazo só pode ser determinada pelo juiz, por até dois meses, em relação às comarcas, seções ou subseções judiciárias onde for difícil o transporte *(ibidem, caput)*, no caso de calamidade pública (*ibidem*, § 2.º).

A Lei n. 5.584/70, em disposição elogiável, procedeu à homogeneização dos prazos recursais, no âmbito da Justiça do Trabalho, fixando-os em oito dias (art. 6.º), que são aplicáveis também às contrarrazões. Essa uniformização dos prazos, contudo, está circunscrita aos recursos arrolados no art. 893, I a IV, da CLT, ao qual a sobredita Lei faz expressa referência. Sendo assim, os demais recursos previstos no processo do trabalho (como, *v.g.*, o pedido revisional, o agravo regimental etc.) serão interpostos nos prazos fixados pelas respectivas normas legais que os disciplinam. O prazo para a interposição do recurso extraordinário é de quinze dias (CPC, art. 1.003, § 5.º), sendo de cinco dias o relativo aos embargos de declaração (CLT, art. 897-A). Anteriormente, o prazo para o oferecimento desses embargos variava segundo se tratasse de sentença ou de acórdão: no primeiro caso, o prazo era de 48 horas (CPC de 1939, art. 465); no segundo, de cinco dias (CPC de 1939, art. 536). Essa dicotomia de prazos foi eliminada pela Lei n. 8.950/94, ao uniformizá-los em cinco dias. Posteriormente, a Lei n. 9.957/2000 acrescentou ao art. 897, da CLT, a letra "a", para dispor que o prazo de apresentação dos embargos declaratórios é de cinco dias, tenham como objeto sentença ou acórdão.

Já o prazo para formular reclamação correcional – que não é recurso – é previsto nos Regimentos Internos dos Tribunais. No geral, esse prazo é de cinco dias, conquanto haja regimentos que os fixem em oito dias.

Se, na fluência do prazo para recorrer, sobrevier o falecimento do litigante (ou do interessado, nos casos de administração pública de interesses privados) ou se ocorrer motivo de força maior da parte, que suspenda o processo, o prazo restante será restituído em benefício da parte, do herdeiro ou do sucessor, contra quem recomeçará a fluir a contar da intimação (CPC, art. 1.004). A morte da parte, contudo, não acarreta, por si só e de maneira automática, a suspensão do prazo; para que isso aconteça, há necessidade de que o fato seja levado ao conhecimento do juízo pelo qual se processa o feito.

Outrora, o falecimento do advogado não provocava a suspensão automática do prazo recursal, circunstância que motivou Theotonio Negrão a expender interessante observação no sentido de que, com isso, "a lei não permite ao advogado nem mesmo morrer em paz" ("Código de Processo Civil e Legislação Processual em Vigor", São Paulo: Edit. Saraiva, 32.ª edição, 2001, p. 545 (art. 507).

Na Justiça do Trabalho, a União, os Estados-membros, o Distrito Federal, os Municípios, as autarquias e as fundações de direito público interno (*sic*), que não explorem atividade econômica, possuem, por força do Decreto-lei n. 779/69, dentre outras prerrogativas, a do prazo em quádruplo para contestar (melhor seria para *responder*, pois a contestação figura apenas como uma das espécies de resposta do réu), e em dobro para recorrer (art. 1.º, II e III); essas disposições também estão insertas, *mutatis mutandis*, nos arts. 180 e 183, do CPC.

Em termos práticos, as pessoas jurídicas de direito público mencionadas no Decreto-lei n. 779/69 terão, por princípio, o prazo de dezesseis dias para interporem recurso; dissemos *por princípio* porque, no caso de recurso extraordinário, esse prazo será de trinta dias. E, se reconhecermos a qualidade de recurso (embora *sui generis*) do pedido de revisão a que se refere o art. 2.º, § 1.º, da Lei n. 5.584/70, seremos levados a concluir que tais pessoas terão o prazo de noventa e seis horas para fazer uso da medida. Do mesmo modo, o prazo para oferecimento de embargos declaratórios será de dez dias. Esta foi, aliás, a posição adotada pela SBDI-1, do TST, como revela a sua Orientação Jurisprudencial n. 192: "Embargos declaratórios. Prazo em dobro. Pessoa jurídica de direito público. Decreto-lei (*sic*) n. 779/69. É em dobro o prazo para interposição de embargos declaratórios por Pessoa Jurídica de Direito Público".

A parte pode renunciar ao prazo fixado, exclusivamente, em seu favor, desde que o faça de maneira expressa (CPC, art. 225), mesmo que se refira a recurso.

Possuindo os litisconsortes procuradores judiciais diversos, de escritórios de advocacia distintos, ser-lhes-ão contados em dobro os prazos para todas as suas manifestações, perante qualquer juízo ou tribunal, independentemente de requerimento (CPC, art. 229, *caput*). Entendemos ser, esta norma do CPC, compatível com o processo do trabalho. A OJ n. 310, da SBDI-I, do TST, no entanto, adotou posição oposta, sob o fundamento de a norma do CPC ser incompatível com a celeridade do processo do trabalho. *Data venia,* não será com essa vedação que se eliminará o problema da morosidade da tramitação dos processos no âmbito da Justiça do Trabalho. Há casos em que as audiências são designadas para muitos e muitos meses depois do ajuizamento da inicial; o que não se dizer, então, do processo de execução? E do tempo que o próprio TST tem consumido para julgar recursos de revistas ou de embargos? Por outro lado, a inaplicabilidade do art. 229, do CPC, ao processo do trabalho, pode acarretar, em alguns casos, violação às garantias constitucionais da ampla defesa e do devido processo legal (CF, art. 5.º, incisos LV e LIV, nesta ordem), com virtual nulidade do processo (CLT, art. 794). Vetar a aplicação do art. 229, do CPC, ao argumento de essa norma ser inconciliável com a celeridade do processo do trabalho é algo tão despropositado como atribuir a uma simples gota de água a causa do transbordamento de um rio caudaloso. Soa a hipocrisia institucional. *Irrisão!* – haveria de exclamar Hamlet, o indignado príncipe da Dinamarca, na tragédia shakespeariana.

O comando rígido dos prazos, entretanto, não constrange apenas as partes; projeta-se muito além, para subjugar os demais sujeitos do processo e, em particular, o magistrado, a quem, de certo modo, tiraniza. Tanto isso é verdadeiro, que ao juiz são fixados, dentre tantos, os seguintes prazos: a) cinco dias para exarar despachos (CPC, art. 226, I); b) dez dias para proferir decisões interlocutórias (*idem, ibidem,* II); c) trinta dias para emitir sentenças (idem, *ibidem,* III).

Quanto aos embargos de declaração, o prazo para julgá-los era de cinco dias, em virtude da incidência supletiva do disposto no art. 536, do CPC de 1973. Atualmente, por força do disposto no art. 897-A, da CLT, o julgamento, em primeiro grau de jurisdição, deverá ocorrer na primeira audiência subsequente à apresentação desses embargos; nos demais graus, na primeira sessão ulterior ao oferecimento dos embargos.

Sejamos francos: os prazos legalmente fixados para o juiz proferir despachos, decisões, sentenças, votos, acórdãos etc. não tem sido, no mais das vezes, respeitado. Em termos gerais, o acúmulo de serviços tem sido a causa desse descumprimento à lei processual. A propósito, a Lei Orgânica da Magistratura Nacional – LOMAN (Lei Complementar n. 35, de 14.3.1979, estabelece em seu art. 35: "São deveres do magistrado: I (...); II – não exceder injustificadamente os prazos para sentenciar ou despachar". E o art. 93, II, "e", da Constituição Federal, declara que não poderá ser promovido o juiz que, injustificadamente, retiver autos em seu poder além do prazo legal.

Esteve forte em razões, portanto, Pontes de Miranda ao afirmar que o juiz está "condenando à atividade", dado que a lei o pune por parar (*apud* Coqueijo Costa, obra cit., p. 47). Com efeito, estabelece a alínea "*d*" do art. 658 da CLT que se o juiz exceder, sem justificativa razoável, aos prazos que lhe são fixados, sujeitar-se-á ao desconto correspondente a um dia de vencimento para cada dia de retardamento". Essa disposição, entretanto, contrastava de frente com o art. 95, III, da Constituição Federal de 1946, que assegurava aos magistrados a irredutibilidade de vencimentos, ressalvados os impostos gerais e os extraordinários. Logo, era inconstitucional, motivo por que nunca foi posta em prática.

O sistema dos prazos processuais é informado, basicamente, por cinco princípios: 1.) da utilidade; 2.) da continuidade; 3.) da inalterabilidade; 4.) da peremptoriedade; 5.) da preclusão.

É proveitoso examiná-los.

1) Princípio da utilidade dos prazos

Significa que os prazos fixados por lei ou assinados pelo juiz devem ser úteis, isto é, hábeis à satisfação dos objetivos processuais para os quais foram instituídos. Há, assim, uma profunda relação entre o prazo e a finalidade a que se destina, de acordo com os critérios adotados pelo legislador para a consequente fixação.

Daí, a existência de prazos com maior ou menor duração.

Um efeito prático extrai-se dessa regra: é que se a parte, por motivos que não lhe possam ser irrogados, não pôde valer-se do prazo útil, total ou parcialmente, que lhe era assegurado, a solução será restituir-lhe, por igual, o faltante. Esse é o preceito do art. 221 do CPC, de aplicação supletiva no processo do trabalho.

Levando-se em conta o fato de que a duração do prazo está vinculada ao tempo necessário à prática do ato, os juízes devem ser cautelosos quanto à assinação de prazo, às partes. Assim dizemos, porque se ele fixar prazo excessivamente longo, estará contribuindo para o dilargamento do tempo de duração do processo e, em razão disso, contravindo a regra do inciso LXXVIII, do art. 5.º, da Constituição Federal; se, ao contrário, o prazo por ele estabelecido for exíguo, poderá configurar violação ao direito de ampla defesa, previsto no art. 5.º, inciso LV, do texto constitucional, por forma a gerar a nulidade do processo, a partir deste momento. É com a atenção concentrada nesses limites constitucionais que o juiz deverá fixar prazo para a prática de atos processuais, seja pelas partes, seja por terceiros.

O princípio da utilidade, porém, não é absoluto, pois se não houver expediente no foro, ou o expediente for encerrado antes do horário normal, o prazo será suspenso. Haverá suspensão também nos casos do art. 221, do CPC.

O art. 184, do CPC de 1973, considerava prorrogado o prazo até o primeiro dia útil se o vencimento caísse em feriado ou em dia que: a) fosse determinado o fechamento do fórum; b) o expediente forense fosse encerrado antes da hora normal (incisos I e II, respectivamente). O CPC de 2015 não reproduziu essa regra, embora entendamos que a tenha recepcionado pela via tácita.

A Lei n. 5.010/66 havia instituído o recesso do Judiciário Federal, no período de 20 de dezembro a 6 de janeiro; estávamos convencidos de que esse recesso não deveria ser causa de suspensão, nem de interrupção de prazo. No plano do processo do trabalho, ele deveria ser equiparado a feriado, e não a férias. Sendo assim, provocaria, apenas, a *prorrogação* do prazo. Deste modo, se, por exemplo, a parte fosse intimada da sentença em 18 de dezembro, quinta-feira, o prazo se iniciaria no dia 19, sexta, prosseguindo por todo o recesso. Como o prazo não se vence em dia que não seja útil (CLT, art. 775, parágrafo único), o último dia do prazo para a interposição de recurso ordinário seria o primeiro dia útil após o aludido recesso judiciário. A Súmula n. 262, do TST, aliás, declara que o recesso forense e as férias coletivas dos Ministros do Tribunal Superior do Trabalho suspendem os prazos recursais (item II).

Fizemos referência, há pouco, à Lei n. 5.010/66, que instituiu o recesso da Justiça Federal; pode-se colocar em dúvida, contudo, a sobrevivência dessa norma legal após a inserção do inciso XII ao art. 93, da Constituição Federal, pela Emenda n 45/2004, por força do qual "a atividade jurisdicional será ininterrupta, sendo vedado férias coletivas nos Juízos e Tribunais de Segundo Grau (...)". O art. 220, *caput*, do CPC, estabelece que será suspenso o curso dos prazos processuais no período de 20 de dezembro a 20 de janeiro, inclusive. Não se pode inquinar, entrementes, de inconstitucional esse preceptivo, pois o seu § 1.º dispõe que, ressalvadas as férias individuais e os feriados instituídos por lei, os juízes, os membros do Ministério Público, da Defensoria Pública e da Advocacia Pública, assim como os auxiliares da Justiça, "*exercerão as suas atribuições durante o período previsto no caput*" (destacamos).

É relevante observar que os prazos não se iniciam nem se vencem em dias desúteis (CLT, arts. 775 e parágrafo único). A jurisprudência não vinha admitindo a aplicação ao processo do trabalho da regra inscrita no art. 219, *caput*, do CPC, segundo a qual na contagem dos prazos em dias, fixados por lei ou pelo juiz, serão computados apenas os dias úteis. Nosso entendimento, entretanto, era de que não havia incompatibilidade dessa norma do CPC com o processo do trabalho, se tivéssemos os olhos abertos para a realidade. O argumento que se vinha utilizando, para opinar de maneira contrária ao nosso entendimento, era que essa incidência violaria o princípio da celeridade processual. Ora, esse argumento beirava a hipocrisia, pois, na prática, as audiências trabalhistas vinham sendo designadas para data superior a cinco, seis, ou mais meses, assim como as sentenças eram proferidas em período de tempo muito superior ao fixado por lei etc. Bastava verificar, aliás, o prazo médio que o TST vinha consumindo para julgar as matérias de sua competência, seja recursal, seja originária. Ao que nos constava, em nenhuma dessas situações se havia cogitado de transgressão ao princípio da celeridade processual...

Se a jurisprudência trabalhista fez ouvidos moucos aos nossos argumentos, não foi essa a atitude adotada pelo legislador, que acabou acolhendo esses argumentos. Com efeito, a Lei n. 13.467/2017 deu nova redação ao art. 775, da CLT, para – à feição do art. 219, do CPC – dispor que os prazos serão contados em dias úteis.

Nos casos de processo eletrônico, instituiu-se a *disponibilização* da decisão no sistema, conquanto, de modo geral, a *intimação* ocorra no dia seguinte. Deste modo, se a sentença foi *disponibilizada* em uma segunda-feira, considera-se realizada a *intimação* na terça-feira, passando o prazo a fluir da quarta-feira subsequente.

Sendo contínuos e irrelevantes, os prazos somente podem ser prorrogados nos casos previstos em lei (CLT, art. 775, *caput*).

Sempre que uma das partes houver criado algum obstáculo, o prazo ficará suspenso para a outra. Seria o caso, *e.g.*, de um dos litigantes retirar os autos da Secretaria, para efeito de interposição de recurso, quando o prazo fosse comum; nessa hipótese, o prazo deveria ser restituído ao *ex adverso* por tempo igual ao que faltava para a sua complementação (CPC, art. 221).

O vencimento dos prazos deverá ser sempre certificado nos autos, pelo escrivão ou pelo diretor da Secretaria do órgão (CLT, art. 776). Embora essa certificação não tenha eficácia para subordinar o juízo de admissibilidade *a quo,* ou mesmo o *ad quem,* é certo que a sua existência nos autos, além de obrigatória, permite melhor verificação formal, e de maneira mais rápida, quanto à tempestividade, ou não, do apelo interposto.

2) Princípio da continuidade

Esse princípio é algo fronteiriço com o da utilidade, com o qual, em certos aspectos, entrelaça-se.

Por ele, afirma-se que os prazos são contínuos, cuja suspensão, como fato excepcional, está rigidamente disciplinada por lei. O princípio da continuidade identifica-se, portanto, com a afirmação de que os prazos, uma vez iniciados, devem ter livre curso até o seu final.

Suspensão e interrupção, contudo, não se confundem. Enquanto na primeira o prazo que havia fluído é aproveitado, na segunda esse aproveitamento não ocorre. Importa dizer: lá, a contagem do prazo prossegue a partir do momento em que se verificou a suspensão; aqui, tudo se apaga, iniciando-se nova contagem. Na vigência do CPC de 1939, os embargos de declaração suspendiam o prazo para a interposição de recurso; na do CPC de 1973 e do CPC de 2015, interrompem-no (arts. 538, *caput,* e 1.026, *caput*).

3) Princípio da inalterabilidade

Iterando o que disséramos na oportunidade do exame do princípio da utilidade, a duração do prazo guarda estreita conexão com a necessidade de tempo que o ato processual requer para ser praticado. Sob esse prisma, tanto a redução quanto a ampliação dos prazos ferem esse equilíbrio, essa ordem harmoniosa que há entre o lapso de tempo (prazo) e a finalidade a que se visa (prática de determinado ato). Pode-se mesmo asseverar que o princípio da inalterabilidade é consequência direta do da utilidade, ao qual, aliás, Moacyr Amaral Santos reconhece base científica ("Primeiras Linhas de Direito Processual Civil", São Paulo: Edit. Saraiva, 1978, p. 253).

Como demonstramos, a proibição de alterar os prazos processuais é dirigida ao juiz e às partes. A estas torna-se defeso reduzir ou dilatar os prazos peremptórios, ainda que mediante comunhão de vontades. Faculta-se-lhes, contudo, que o façam em relação aos prazos dilatórios, desde que o requerimento seja formulado antes do vencimento do prazo e o pedido fundamente-se em motivo legítimo.

4) Princípio da peremptoriedade

Dizem-se peremptórios aqueles prazos que são fixados sem qualquer possibilidade de serem alterados; disso decorre que terminam, inexoravelmente, no dia do seu vencimento (*dies ad quem*). São fatais.

Os prazos para interposição de recursos, *v.g.*, caracterizam-se pela peremptoriedade.

O decurso *in albis* do prazo recursal implica a extinção automática, ou seja, independentemente de declaração judicial (CPC, art. 233, *caput*), do direito de exercer a pretensão (preclusão temporal), possibilitando-se à parte, entretanto, comprovar que deixou de praticar o ato em virtude de força maior (CLT, art. 775, *caput*) – a que o processo civil denomina justa causa (CPC, art. 223, *caput*).

5) Princípio da preclusão

A preclusão, em sentido amplo, configura-se pela perda de uma faculdade ou de um direito processual, que, por não haver sido exercido no momento ou no tempo oportuno, fica extinto.

É bem verdade que esse conceito mais se aproxima da preclusão *temporal*, que, todavia, não é a única espécie. Além dela, há a lógica, que diz da incompatibilidade entre o ato que se deseja praticar e o anteriormente realizado, e a *consumativa*, que indica a impossibilidade de colocar-se em prática o ato em virtude de já haver sido realizado.

No caso específico dos recursos, a preclusão que mais incide é a *temporal*, a despeito de não ser impossível a ocorrência das demais modalidades. Com efeito, haverá preclusão *lógica*, *e. g.*, quando a parte aceitar a sentença, de maneira tácita ou expressa, e, apesar disso, vier a recorrer dela (CPC, art. 1.000). Ter-se-á a preclusão *consumativa* quando a parte que recorreu vier a recorrer da mesma decisão.

A preclusão não se confunde com a sanção. Esta é a consequência prevista em lei para o descumprimento de determinada norma processual, pressupondo, desse modo, o inadimplemento de uma *obrigação* afeta à parte. Na preclusão, ao contrário, inexiste qualquer vínculo obrigacional que tenha sido desrespeitado pelo litigante. Quem deixa fluir em branco o prazo de recurso não está, nem de longe, inadimplindo uma obrigação, mas, apenas, deixando, espontânea ou involuntariamente, de valer-se de uma *faculdade* processual. E o efeito preclusivo desse ato omisso, nem mesmo por antonomásia, pode ser comparado a uma sanção.

Daí, o correto magistério de Arruda Alvim de que a preclusão não concerne à existência de um direito, dizendo respeito, isso sim, às faculdades processuais (obra cit., p. 283).

Nenhuma exposição sobre os prazos processuais pode prescindir do estudo acerca dos critérios estabelecidos para a correspondente *contagem*. E a obediência a esse conselho coloca-nos diante, especialmente, das Súmulas ns. 1 e 197 do TST, motivando-nos a comentá-las.

Dispõe a Súmula n. 1 que "Quando a intimação tiver lugar na sexta-feira, ou a publicação com efeito de intimação for feita nesse dia, o prazo judicial será contado da segunda-feira imediata, salvo se não houver expediente, caso que fluirá do dia útil que se seguir".

A Súmula, como se vê, apenas explicita a regra legal (CLT, art. 775) de que os prazos não se iniciam (nem se vencem) em dias não úteis. Para que a fluência do prazo tenha início é imprescindível que as partes sejam *intimadas* (CPC, art. 269). Não se confunda, entretanto, o dia em que a intimação foi feita (*dies a quo*) com o dia em que se inicia a contagem do prazo; somente aquele é excluído, pois *dies a quo non computatur*.

Se a intimação ocorreu em uma sexta-feira, o prazo apenas terá início na segunda-feira subsequente, salvo se nesse dia, por qualquer motivo, não houver expediente no foro, hipótese em que a fluência iniciar-se-á na terça-feira e, ainda assim, se esse dia for útil.

No caso de o jornal oficial contendo "a publicação com efeito de intimação" apenas circular na parte da tarde, firmou-se a jurisprudência em acrescentar um dia à contagem, cujo procedimento, segundo Coqueijo Costa (obra cit., p. 194), está cônsono com a Lei n. 1.408/51. O STF, porém, já na vigência do CPC de 1973 entendeu revogada a referida Lei, razão por que o prazo começa a fluir do dia imediato ao da intimação, mesmo quando esta se deu mediante publicação no órgão oficial que tenha circulado apenas na parte da tarde, ressalvados apenas os casos especiais previstos no mesmo Código" (RE n. 83.874, Rel. Min. Cunha Peixoto, DJU de 9.4.1976, p. 2387).

Quando a intimação for feita pela publicação do ato no jornal oficial, é necessário que dela constem os nomes das partes e de seus advogados, com o respectivo número de inscrição na OAB, ou, se assim requerido, da sociedade de advogados (CPC, art. 272, § 2.º). A grafia do nome das partes não deve conter abreviatura (*ibidem*, § 3.º); a do nome dos advogados deve corresponder ao nome completo e ser a mesma que consta da procuração ou que está registrada na OAB (*ibidem*, § 4.º). A regra importante a ser observada é se, da maneira como foi grafado o nome, o advogado tinha condições de saber se se tratava dele. De qualquer maneira, só haverá nulidade se a publicação incorreta no nome da parte ou do advogado acarretar manifesto prejuízo àquela ou a este, pois, em situações que tais, deve ser posto à frente o princípio da *transcendência*, inscrito no art. 794, da CLT.

Havendo erro ou omissão na publicação, uma nova deverá ser feita, fluindo a partir da última o prazo. Na hipótese, contudo, de o tribunal entender que a republicação era desnecessária, o prazo será contado da primeira publicação, cuja consequência virtual será a inadmissibilidade do recurso, por intempestivo. Que se acautelem as partes e seus procuradores quanto a essa particularidade.

Regra específica norteia a contagem dos prazos fixados por hora ou por minuto; aqui, a contagem deveria ser feita, em rigor, minuto a minuto ou hora a hora; a praxe forense, com o beneplácito da jurisprudência, contudo, não tem levado à risca essa regra, notadamente em relação ao prazo/hora.

Súmula do TST que, no passado, mereceu nossos comentários críticos foi a de n. 37. O seu enunciado era o seguinte: "O prazo para recurso da parte que não compareceu à audiência de julgamento, apesar de notificada, conta-se da intimação da sentença".

Tínhamos, de longa data, entendimento frontalmente contrário ao subsumido pela precitada Súmula. Consultem-se, a propósito, as nossas obras: *Os Embargos de Declaração na Justiça do Trabalho*, São Paulo: LTr, 1979, p. 57/60, e *Comentários às Súmulas Processuais do TST*, São Paulo: LTr, 1981, p. 126/128. Vejamos os argumentos que utilizávamos, na época em que estava a viger o CPC de 1973:

Estatui o art. 834 da CLT que "... a publicação das decisões e sua notificação aos litigantes, ou a seus patronos, consideram-se realizadas nas próprias audiências em que forem as mesmas proferidas"; essa disposição é reproduzida pelo art. 852 do mesmo texto legal. A doutrina e a jurisprudência, porém, argumentavam, em defesa da Súmula n. 37, que o comando dos arts. 834 e 852 da CLT somente deveria ser observado quando a audiência fosse, efetivamente, una e contínua, como quer o art. 849. Em sentido inverso, ditos preceitos legais não incidiriam sempre que ocorresse o fracionamento da audiência, como geralmente acontecia na realidade prática. Nesse caso, segundo essa corrente de opinião, as partes não estariam obrigadas a comparecer à audiência de julgamento, do que decorria o seu direito a serem intimadas da sentença que aí viesse a ser proferida.

O argumento, *data venia*, não impressionava.

O problema, dizíamos, deveria ser examinado não sob o ângulo da obrigatoriedade, ou não, de as partes comparecerem à audiência de julgamento, mas, sim, a partir do fato de estarem, prévia e regularmente, intimadas de que a emissão da sentença dar-se-ia naquela audiência. Enfatizávamos que, ao intimarem-se as partes (geralmente na audiência em que ocorria o encerramento da instrução) de que, na próxima audiência, haveria a publicação da sentença, não se estava com isso exigindo-lhes que comparecessem a ela, se não que lhes fixando, por antecipação, o *dies a quo* da contagem do prazo para o oferecimento de embargos declaratórios ou para a interposição do recurso ordinário.

Não se estava, por outras palavras, pretendendo intimá-las daquilo que ainda não ocorrera (a prolação da sentença) – o que seria inconcebível –, mas, sim, dar-lhes ciência de que, na data aprazada, a sentença estaria pronta, publicada e à sua disposição.

Entendíamos que o conteúdo da Súmula n. 37 era desrespeitoso da realidade forense e de certos princípios cardeais do processo do trabalho. Embora não o pretendesse, a verdade é que a Súmula em pauta retardava a fluência dos prazos, procrastinava a formação da coisa julgada e onerava a Justiça do Trabalho, que se via obrigada a intimar, via postal ou até mesmo mediante carta precatória, as partes que deixassem de comparecer – muitas vezes propositadamente – à audiência de julgamento.

Também não nos impressionava o argumento de que, a considerar-se as partes intimadas na audiência de julgamento, segundo estabelecem os arts. 834 e 852 da CLT, estar-se-ia conferindo um tratamento privilegiado ao revel, uma vez que este, por lei (CLT, art. 852, parte final), deve ser sempre intimado da sentença. Ora, a exigência da intimação do revel articula-se com a *forma* (CLT, art. 841, § 1.º) pela qual ele é citado para o processo de conhecimento, que, sendo mediante registro postal, não oferece certeza ao juízo, em muitos casos, se o réu foi realmente comunicado daquele ato, quanto mais não seja se levarmos em conta a orientação contida na Súmula n. 16 do TST, que presume recebida a notificação (*sic*) quarenta e oito horas depois de sua postagem. Já no processo civil, a citação do réu deve ser *pessoal* (CPC, art. 215, *caput*) ou, quando menos, na pessoa de seu representante legal ou de seu procurador legalmente autorizado (*ibidem*). Daí por que, naquele processo, os prazos contra o revel correm independentemente de intimação quando não possuir advogado regularmente constituído nos autos (art. 322), conquanto ele possa intervir no processo, recebendo-o no estado em que se encontrar (*ibidem*).

Lembrávamos ser oportuna a observação de Russomano, para quem a orientação da Súmula n. 37 originava, na prática, uma situação injusta, pois a parte que atendia o pregão judicial, comparecia à audiência e tomava ciência da decisão no ato em que ela era proferida, tinha o prazo de recurso contado desse momento; todavia, parte displicente, que desobedecia à intimação da Justiça, tinha o prazo protelado, prorrogado, pois ele só começaria a fluir do recebimento da intimação que lhe viesse a ser endereçada (*Comentários à Consolidação das Leis do Trabalho*. Rio: José Konfino, v. IV, p. 1.312). A displicência da parte, a que se referiu o saudoso jurista gaúcho, cedia lugar, não raro, à astúcia, à artimanha, às atitudes sagazes de que ela se valia para provocar um retardamento da fluência dos prazos.

Concluíamos, então, sugerindo que o Egrégio TST bem faria se providenciasse o cancelamento da malsinada Súmula, redimindo-se, com isso, do desacerto de havê-la editado. Sob esse aspecto, dizíamos calhar, como a mão à luva, as palavras que o notável Shakespeare colocou, há mais de três séculos e meio, na boca da sua imortal personagem, Hamlet, o Príncipe da Dinamarca: "É um desses hábitos cuja quebra honra mais que a observância" (*Hamlet*, trad. de Carlos Alberto Nunes, São Paulo: Edições Melhoramentos, sem data, p. 42/43). Vale registrar que a jurisprudência regional, embora topicamente, vinha se manifestando contrária ao conteúdo da Súmula n. 37.

Felizmente, o TST, com grande lucidez, aprovou a Súmula n. 197, que, cancelando a de n. 37, dispôs: "O prazo para recurso da parte que, intimada, não comparece à audiência em prosseguimento para a prolação da sentença, conta-se da sua publicação". Voltou-se a respeitar, com isso, a letra da lei. A intimação da sentença é feita, portanto, na própria audiência de julgamento, estejam as partes presentes, ou não. É conveniente deixar claro que essa intimação está subordinada ao atendimento de dois requisitos: a) que a sentença, na data designada, esteja pronta, vale dizer, redigida e assinada pelo juiz e juntada aos autos; b) que a parte tenha sido intimada em relação a essa audiência. Satisfeitos esses requisitos, considerar-se-á feita a intimação mesmo que os litigantes tenham deixado de comparecer àquela audiência.

Pertence a um passado equívoco, pois, o *hábito* de intimar-se as partes que não comparecessem à audiência. Foi útil, sem dúvida, a advertência feita pelo inquieto Hamlet...

A propósito, se esse hábito levar a que, em determinado caso, se expeça, inadvertidamente, o instrumento de intimação da sentença à parte que não compareceu à audiência em que foi proferida, o prazo para o exercício da pretensão fluirá a contar da audiência, e não da intimação dirigida (equivocadamente) ao litigante. É que esse eventual descuido da Secretaria da Vara não tem eficácia para derrogar o conteúdo da Súmula n. 197 do TST, que nada mais fez do que, como enfatizamos, respeitar o próprio império da lei (CLT, arts. 834 e 852).

Em tema de prazo processual, não podemos deixar de aludir à Súmula n. 30, do TST. Está no enunciado dessa Súmula: "Quando não juntada a ata, ao processo (*sic*), em 48 (quarenta e oito) horas contadas da audiência de julgamento (art. 851, § 2.º, da CLT), o prazo para recurso será contado da data em que a parte receber a intimação da sentença".

O teor da Súmula requer alguns comentários.

Antes, porém, observemos que o recurso em questão é o ordinário, dado que se trata de sentença proferida pelo órgão de primeiro grau; e que a juntada da ata se dá *nos autos*, e não no processo, como consta, salvo se o serventuário do juízo for dotado de poderes paranormais.

O princípio geral é de que os litigantes serão intimados da sentença na própria audiência em que essa for proferida (CLT, arts. 834 e 852). Pode ocorrer, todavia, que, em tal oportunidade, a sentença não esteja ainda concluída; nessa hipótese, permite-se que o juízo comunique às partes presentes, por antecipação, apenas o *resultado* do julgamento, providenciando para que a ata, contendo a sentença completa (relatório, fundamento e dispositivo), seja juntada nos autos dentro de quarenta e oito horas. É dessa situação que cogita a Súmula n. 30, em exame.

Ao estabelecer, entretanto, que, se a sentença não vier aos autos naquelas quarenta e oito horas, o prazo para o recurso será contado da data em que as partes forem efetivamente intimadas da sentença, a Súmula acaba afirmando, por via transversa, que, *se a junção acontecer no referido prazo*, a contagem para o exercício da pretensão recursal será liberada desde a data da audiência de julgamento.

Surge, diante disso, a nossa discordância quanto a esse singular critério.

Sem embargo, a prevalecer a orientação perfilhada pela Súmula n. 30, o recorrente teria, como se percebe, somente *seis* dias para interpor o recurso, na medida em que o prazo teria começado a fluir já da audiência de julgamento. Ora, nessa ocasião inexistia a sentença, como ato jurisdicional formal; o que nos autos estava lançado era apenas o *resultado* do julgamento. Como iria a parte legitimada, em consequência, exercer a sua pretensão se ainda não lhe fora dada a possibilidade de conhecer os *fundamentos* da decisão (que constituem exigência constitucional: Const. Federal, art. 93, inciso IX) e, acima de tudo, o *dispositivo*, contra o qual, como sabemos, se dirige particularmente a impugnação, em razão de ser o único capítulo da sentença que, em princípio, transita em julgado (CPC, art. 504)?

O critério adotado, implicitamente, pela Súmula fere de morte, pois, certos princípios medulares do processo, dentre os quais o da *utilidade* dos prazos e o de *equanimidade*, no que respeita ao tratamento que o juiz deve conceder às partes, seus direitos e interesses.

É elementar que, mesmo juntada a sentença aos autos nas quarenta e oito horas a que se refere a Súmula, o prazo recursal somente poderá ser contado da data em que os litigantes forem intimados da *completa* e efetiva entrega da prestação jurisdicional. Fora disso, é restringir direitos subjetivos assegurados pela Constituição da República.

Por outro lado, entendemos que a faculdade de o juiz mandar juntar nos autos a sentença quarenta e oito horas após a audiência de julgamento só se justifica quando for o caso de audiência incindível, ou seja, na qual são realizados todos os atos do procedimento legal, inclusive (e por princípio) o julgamento.

Nenhuma razão lógica ou jurídica há para invocar-se essa faculdade quando se adotar, no juízo, a praxe de *fracionar* a audiência (tripartindo-a, p. ex., em inicial, de instrução e de julgamento).

Deveras, se, encerrada a instrução, o juiz designar, para outra data, a audiência de julgamento, advindo esta, a sentença deverá estar elaborada, redigida, juntada aos autos e à disposição das partes, não se justificando que, nessa ocasião, unicamente seja proclamado o *resultado* do julgamento, para trazer-se aos autos, nas quarenta e oito horas subsequentes, a sentença integral. Compreende-se que essa junção posterior da ata, contendo a sentença, tenha sido permitida quando se tratar de audiência indivisível (una), pela virtual dificuldade, já mencionada, de o magistrado realizar, no mesmo ato, o julgamento motivado.

Cindida que seja a audiência, nada mais autoriza a reservar-se a juntada da sentença nas quarenta e oito horas que se seguirem à audiência de julgamento.

Para ficar claro: conquanto a junção posterior da sentença, contendo relatório, fundamentação e dispositivo, só se justifique nos casos em que a audiência foi, efetivamente, una, isto não quer dizer que o prazo para a interposição do recurso deva ser contado da data da audiência, pois se assim fosse as partes disporiam, na verdade, de cerca de seis dias (e não de oito, como lhes assegura a lei) para recorrer; ou de apenas três dias para apresentar embargos de declaração. Afinal, segundo alertamos há pouco, como se poderia contar o prazo da audiência se as partes nem sequer conheciam os *fundamentos jurídicos* pelos quais o juízo decidiu deste ou daquele modo? Insistamos na advertência, de extrema relevância, de que a fundamentação de toda e qualquer decisão judicial (em cujo conceito se encaixa, à evidência, a sentença) constitui mandamento e garantia constitucionais, como evidencia o art. 93, inciso IX, da Carta Magna.

1.5.5. Representação

Como deixamos dito em p.nas anteriores, a nosso ver, o art. 133 da Constituição Federal de 1988 revogou o art. 791 da CLT, que concedia às partes o *ius postulandi*. Há, porém, opiniões divergentes da nossa, segundo as quais os litigantes, mesmo com o advento da atual Constituição, podem atuar pessoalmente em juízo, vale dizer, sem representação por advogado. Apesar disso, os demandantes, com frequência, constituem procurador judicial, incumbindo-os da prática dos diversos atos do procedimento, inclusive, no que toca à interposição de recursos.

Para tanto, o advogado deve estar regularmente investido de mandato judicial; a procuração representa o instrumento desse mandato. Antigamente, sendo outorgada por instrumento particular, deveria estar com a firma reconhecida por tabelião (CPC, de 1973, art. 38); não estando, caberia ao juiz determinar que a irregularidade fosse sanada, assinando, para tanto, prazo razoável (CPC, art. 13, *caput*). No processo do trabalho, as suas particularidades recomendavam que essa determinação fosse feita *sem* a suspensão do processo. Deixando a parte de providenciar, no prazo fixado, a regularização ordenada, aplicava-se o disposto no art. 13, I a III, do CPC: se a providência coubesse ao autor, o juiz declararia nulo o processo (melhor: extinto, sem julgamento do mérito); se, ao réu, seria reputado revel; se, ao terceiro, seria excluído da relação processual (CPC, art. 13, I a III).

Sempre entendemos que essas disposições deveriam incidir no processo do trabalho com o necessário grão de sal por, pelo menos, duas razões que nos pareciam ponderáveis – lembrando que estávamos a falar sobre a exigência de reconhecimento da assinatura do outorgante, na procuração ou no substabelecimento. Primeiramente, porque a jurisprudência trabalhista vinha admitindo, de maneira uniforme, o denominado mandato *tácito* (inexpresso), sendo assim injusto que se viesse a prejudicar a parte que, embora tivesse outorgado procuração por escrito, se descuidou de reconhecer a autenticidade da sua assinatura; em segundo lugar, julgávamos ser perfeitamente possível suprir-se o reconhecimento da firma *em audiência*, mediante declaração da parte, de que outorgou ao advogado os poderes constantes da procuração e de que a assinatura era realmente sua. Nada obstava – prosseguíamos – a que se procedesse dessa maneira; ao contrário, a medida, por ser informal, era amplamente compatível com o processo trabalhista. Dessa forma, se o juiz determinasse, por despacho, que a parte providenciasse o reconhecimento da firma e esta não o atendesse, não se lhe deveria aplicar as sanções previstas no CPC (art. 13), em que pese ao fato de reconhecermos tivesse o litigante desatendido a uma determinação judicial. É preciso observar que haveria, quase sempre, oportunidade para regularizar a procuração em audiência, conforme sugeríramos.

O que não nos parecia justo, nem lógico, era admitir-se um mandato *tácito* e não se reconhecer validade a uma procuração *expressa* pelo simples fato de a firma do outorgante não estar reconhecida. Em rigor, uma procuração irregular não afasta a possibilidade de, recusada a sua validade formal, admitir-se, *ipso facto*, a presença de um *mandato tácito*, sempre que o advogado tiver praticado alguns atos processuais ou deles participado.

Sendo a procuração escrita juntada aos autos apenas no momento da interposição do recurso, deveria o juízo *a quo* determinar que a irregularidade fosse sanada, aplicando à parte as sanções do processo civil na hipótese de ela não atender ao despacho. Inexistia qualquer contradição com o que havíamos dito, no tocante à procuração outorgada desde o início da causa, pois na espécie em exame (supressão da irregularidade, por determinação do relator) não havia como configurar-se o mandato *tácito*, que pressupunha a participação do advogado em todos (ou quase todos) os atos do processo, em especial nas audiências.

Estabelecia, a propósito, a Súmula n. 164 do TST (ex-Prejulgado n. 13): "O não-cumprimento das determinações dos §§ 1.º e 2.º do art. 5.º da Lei n. 8.906, de 4.7.1994, e do art. 37 e parágrafo único do Código de Processo Civil importa o não-conhecimento de qualquer recurso, por inexistente, exceto na hipótese de mandato tácito".

A Lei n. 8.952/94 extirpou do art. 38, do CPC, a expressão "estando com a firma reconhecida", fazendo com que essa antiga exigência, de ordem formal, deixasse de existir. Logo, como, *de lege lata,* não se impõe o reconhecimento da firma do outorgante ou do substabelecente, nos mandatos outorgados por instrumento particular, passam a ter valor meramente histórico as considerações que expendemos anteriormente, ou seja, ao tempo em que o art. 38, do referido Código, impunha o reconhecimento da firma. A Súmula n. 164, do TST, acabou sendo cancelada, em decorrência de haver sido incorporada à de n. 383, com este teor: "Recurso. Mandato. Irregularidade de representação. CPC de 2015, arts. 104 e 76, § 2º (nova redação em decorrência do CPC de 2015) - Res. 210/2016, DEJT divulgado em 30.06.2016 e 01 e 04.07.2016. I – É inadmissível recurso firmado por advogado sem procuração juntada aos autos até o momento da sua interposição, salvo mandato tácito. Em caráter excepcional (art. 104 do CPC de 2015), admite-se que o advogado, independentemente de intimação, exiba a procuração no prazo de 5 (cinco) dias após a interposição do recurso, prorrogável por igual período mediante despacho do juiz. Caso não a exiba, considera-se ineficaz o ato praticado e não se conhece do recurso. II – Verificada a irregularidade de representação da parte em fase recursal, em procuração ou substabelecimento já constante dos autos, o relator ou o órgão competente para julgamento do recurso designará prazo de 5 (cinco) dias para que seja sanado o vício. Descumprida a determinação, o relator não conhecerá do recurso, se a providência couber ao recorrente, ou determinará o desentranhamento das contrarrazões, se a providência couber ao recorrido (art. 76, § 2º, do CPC de 2015)".

Quanto à regularização do mandato, em sede de recurso, a Súmula n. 383, do TST, declarava não ser possível, por reputar inaplicável ao caso a regra do art. 13, do CPC de 1973, entendendo que esta norma era de incidência restrita ao primeiro grau de jurisdição (item II). Assim, se, por exemplo, o instrumento de mandato contivesse alguma irregularidade, fosse de forma ou de fundo (tirante, quanto à primeira, a falta do reconhecimento de firma, que não era mais exigida por lei), o recurso não seria admitido, em virtude dessa irregularidade, não sendo dado ao relator determinar que a falha seja suprida. Estabelecia, ainda, a sobredita Súmula, ser inadmissível, em grau de recurso, o oferecimento tardio de procuração, nos termos do art. 37, do CPC de 1973, ainda que mediante protesto por ulterior juntada, pois a interposição de recurso não poderia ser reputada ato urgente (item I).

Com a entrada em vigor do CPC de 2015, todavia, o teor da Súmula n. 383 foi reformulado, passando a ser o que transcrevemos há pouco.

O mandato tácito não se confunde com a procuração *apud acta*, uma vez que esta é consignada em ata (ou nos autos) e decorre de manifestação volitiva expressa (oral) da parte, sendo lavrada pelo diretor da Secretaria ou pelo escrivão. Por ser documento obtido por pública-forma, prescinde de reconhecimento da firma do constituinte. O Provimento n. 1/76 da Corregedoria-Geral da Justiça do Trabalho dispunha que quando a parte se fizesse acompanhada em juízo de advogado por ela constituído e os poderes de representação lhe fossem concedidos em audiência, este fato deveria ser certificado na ata.

Diversa das anteriores era a antiga *caução de rato*; esta – para sermos esclarecedores – não configurava uma procuração, mas, sim, um compromisso que alguém assumia para representar, legitimamente, a outrem, em determinado espaço de tempo, até que a procuração pudesse ser obtida. Juntada a procuração, ter-se-iam como revalidados todos os atos até então praticados pelo mandatário. Essa *caução*, entretanto, perdeu o interesse prático com a vigência do CPC de 1973, cujo art. 37, *caput*, permitia ao advogado aforar a ação ou formular a resposta do réu mesmo sem procuração (escrita), a fim de evitar a prescrição ou a decadência, podendo, inclusive, intervir no processo para praticar atos reputados urgentes. Nesse caso, o advogado se obrigava, independentemente de caução, a exibir o instrumento de mandato no prazo de quinze dias, prorrogável por mais quinze, mediante despacho do juiz. Os atos que não fossem ratificados no prazo seriam considerados inexistentes (*ibidem*, parágrafo único). Esta era uma das raras referências que o Código fazia à categoria dos atos *inexistentes*.

O CPC de 2015 cuida do tema no art. 104. Em termos gerais, repete o que estava no art. 37, do CPC de 1973, com as seguintes alterações: a) inserindo a preclusão, ao lado da decadência e da prescrição, como causas justificadoras da atuação (temporária) do advogado destituído de procuração; b) substituindo o adjetivo *inexistente* por *ineficaz*, ao declarar as consequências de o advogado deixar de exibir a procuração no prazo previsto no § 1.º da mencionada norma legal.

Dispõe a CLT, em seu art. 791, § 1.º, que, nas ações individuais, as partes poderão se fazer representar não apenas por sindicato e por advogado, mas por provisionado e solicitador (*sic*), desde que regularmente inscritos na OAB. O *solicitador*, a que se refere o texto trabalhista, é o atual *estagiário*, pois a OAB compreende os seguintes quadros: a) advogados (Lei n. 8.906/94, art. 8.º); b) estagiários (idem, art. 9.º).

Discute-se, ainda, na doutrina e na jurisprudência, acerca dos atos que podem ser praticados, na Justiça do Trabalho, pelos estagiários.

Como vimos, o art. 791, § 1.º, da CLT permite que as partes se façam representar por *estagiário* ("solicitador", diz a lei), a autorizar a conclusão de que este poderia praticar *todos* os atos processuais, inclusive, aqueles considerados privativos do advogado.

Parcela significativa da jurisprudência, e o próprio Provimento n. 25 do Conselho Federal da OAB consagraram essa opinião. Nós mesmos, em obra anterior, nos manifestamos em igual sentido.

Refletindo mais detidamente sobre o problema, contudo, acabamos por abandonar o antigo entendimento. Em matéria de exercício profissional da advocacia, a Lei n. 8.906/94 é, sem dúvida, *específica*. E o seu art. 1.º dispõe serem atividades *privativas* da advocacia, entre outras: "I - a postulação a qualquer órgão do Poder Judiciário e aos juizados especiais" (malgrado saibamos que o STF concedeu medida liminar, na ADIn n. 1.127-8-DF, para suspender a eficácia desse dispositivo, quanto à Justiça do Trabalho e aos Juizados Especiais). Por outro lado, o § 2.º, do art. 3.º, da Lei n. 8.906/94, estabelece que "o estagiário de advocacia, regularmente inscrito, pode praticar os atos previstos no art. 1.º, na forma do Regulamento Geral, *em conjunto com advogado* e sob responsabilidade deste". Destacamos.

Torna-se inevitável reconhecer, consequentemente, que a Lei n. 8.906/94, por ser especial, é a única dotada de aptidão jurídica para dispor acerca dos atos que os estagiários podem praticar em juízo. É com vistas às disposições dessa lei que se deve entender a permissão concedida pelo art. 791, § 1.º, da CLT aos estagiários, para que representem as partes na Justiça do Trabalho; ou, em melhor linguagem, para que exerçam o procuratório nesta Justiça especializada. O Provimento n. 59/86, de 16 de dezembro de 1986 (DOU de 16.1.1987), do Conselho Federal da OAB revogou o § 1.º do art. 4.º do Provimento n. 25/66 daquele Conselho, que permitia aos estagiários praticar, na Justiça do Trabalho, todos os atos privativos do advogado. Embora a Lei n. 4.215/63 tenha sido revogada pela Lei n. 8.906, de 4 de julho de 1994, não ficam prejudicados os nossos argumentos, porquanto esta norma legal, como a anterior, dispõe sobre o exercício da advocacia. A Lei nova, apenas, não faz referência aos provisionados. Quanto ao estagiário, só poderá praticar atos (art. 1.º) em conjunto com advogado (art. 3.º, § 2.º).

Já os assessores jurídicos do Estado não possuem poderes de representação, porquanto essa prerrogativa pertence aos Procuradores; vem daí, a regra de que não devem ser conhecidos os recursos subscritos apenas pelos assessores.

De resto, o preposto não tem poderes para subscrever razões ou contrarrazões de recurso, pois a representação do preponente, como dissemos, exaure-se na audiência (CLT, art. 843, § 1.º). A função processual do preposto, por outro lado, é *representar* a parte, e não *substituí-la,* como consta, em mais uma indisfarçável erronia técnica da mencionada norma legal. Assim dizemos, porque o preposto não se torna parte no processo (pois não substitui o preponente), uma vez que não se sujeita aos efeitos do pronunciamento jurisdicional, independentemente do resultado deste. É conveniente lembrar, mesmo *en passent,* que sempre sustentamos, com base em uma interpretação do art. 843, § 1.º, da CLT, que o preposto deveria ser empregado do preponente. Esta nossa opinião foi acatada pela Súmula n. 377, do TST – que abre exceção, apenas, quando a ação for proposta por empregado doméstico, ou "contra" micro ou pequeno empresário. Estabelece a Lei Complementar n. 123, de 14.12.2006, mencionada na Súmula 377: "Art. 54. É facultado ao empregador de microempresa ou de empresa de pequeno porte fazer-se substituir ou representar perante a Justiça do Trabalho por terceiros que conheçam dos fatos, ainda que não possuam vínculo trabalhista ou societário". Embora o legislador tenha, aqui, feito referência à *representação* do empregador pelo preposto – no que esteve correto –, aludiu também à sua *substituição* – no que andou errado. O preposto não *substitui* o preponente, não se torna parte na relação processual, não sofre os malefícios ou benefícios da sentença.

1.5.6. Depósito pecuniário

Qualquer recurso, inclusive o extraordinário, somente será admitido mediante o prévio depósito do valor da condenação (CLT, art. 899, § 1.º). Essa exigência, como é elementar, concerne apenas ao empregador. Daí por que dele estará dispensado o empregado, mesmo que tenha sido, em virtude de reconvenção formulada pelo empregador, condenado ao pagamento de certa quantia em favor deste. Com *prévio*, quis a lei deixar claro que o depósito deve anteceder à interposição do recurso. Distendendo a regra legal, todavia, a jurisprudência passou a admitir que o depósito fosse realizado simultaneamente à apresentação do recurso. Mais tarde, a Lei n. 5.584/70, por seu art. 7.º, veio determinar que a comprovação do depósito fosse feita *dentro* do prazo para a interposição do apelo. Disso resulta que já não vigora a exigência de *prévio* depósito, salvo se concluirmos que a antecedência, após o advento da Lei n. 5.584/70, deve ser entendida com relação decisão de admissibilidade, proferida pelo juízo *a quo*. Essa interpretação, como se percebe, seria visivelmente forçada.

Não raro, a parte interpõe o recurso logo nos primeiros dias do prazo; diante disso, é conveniente examinarmos se a comprovação do depósito correspondente deve ser feita no ato de interposição ou pode ser efetuada até o último dia do prazo que a lei estabelece para o exercício da pretensão recursal.

Estamos seguros de que a interposição antecipada do recurso não cassa o direito de a parte comprovar a realização do depósito pecuniário até o último dia do prazo legalmente fixado para o exercício daquela pretensão. Não nos parece possível sustentar que, na espécie, a interposição antecipada do apelo deva ser interpretada como renúncia tácita ao restante do prazo, também para efeito de comprovação do referido depósito; incumbe ao juízo de admissibilidade *a quo*, portanto, aguardar a exaustão do prazo recursal para verificar se o depósito foi, ou não, efetuado, pouco importando que a pertinente pretensão tenha sido exercida nos primeiros dias desse prazo.

Foi essa, igualmente, a orientação adotada pelo TST, via Súmula n. 245, cujo enunciado dispõe, contudo, de maneira algo enigmática, que "O depósito recursal deve ser feito e comprovado no prazo alusivo ao recurso, sendo que a interposição antecipada deste não prejudica a dilação (*sic*) legal". Depara-se-nos pouco feliz o uso da expressão "dilação legal", feito pela Súmula, na medida que, no tecnicismo da terminologia jurídica, o vocábulo *dilação* significa demora, tardança, adiamento, prorrogação, sendo que, no caso, inexiste qualquer elastecimento do prazo; o que há, apenas, é uma abreviação do exercício da pretensão recursal.

Por suposto, a Súmula atribuiu ao termo o significado de *prazo*.

Cabe reiterar que o depósito deverá ser realizado nos limites previstos em lei, conforme se trate de recurso ordinário, de revista, de embargos, ou de interposto em sede de ação rescisória (Lei n. 8.177/91, art. 40, *caput* e § 1.º). A Lei n. 12.275, de 29.6.2010 (DOU de 30 do mesmo mês e ano) inseriu o § 7.°, no art. 899, da CLT, para exigir, no ato de interposição do agravo de instrumento, a realização do depósito correspondente a cinquenta por cento do valor do depósito do recurso ao qual se pretende destrancar.

Posteriormente, a Lei n. 13.015, de 21.7.2014, deu a seguinte redação ao § 8.º, do art. 899, da CLT: "Quando o agravo de instrumento tem a finalidade de destrancar recurso de revista que se insurge contra decisão que contraria a jurisprudência uniforme do Tribunal Superior do Trabalho, consubstanciada nas suas súmulas ou em orientação jurisprudencial, *não haverá obrigatoriedade de se efetuar o depósito referido no § 7.º deste artigo*" (destacamos).

É importante assinalar que, em virtude da expressão *sendo (o depósito) devido a cada novo recurso interposto no processo*, constante do *caput* do art. 40 da Lei n. 8.177/91, alguns intérpretes afoitos passaram a sustentar que esse depósito deveria ser efetuado, também, quando do pedido de revisão do valor da causa, de que se ocupa o § 1.º do art. 2.º da Lei n. 5.584/70, e do oferecimento de embargos declaratórios e de outros. Foi o caso de Antônio Álvares da Silva, *in* "Depósito Recursal e Processo do Trabalho", 2.ª ed., Brasília: Centro de Assessoria Trabalhista, 1991, p. 15/24. *Data venia*, essa interpretação é não apenas aberrante do senso literal e do escopo da Lei referida, como conduziria, em concreto, a que tais depósitos sucessivos excedessem, em muito, ao valor da própria condenação – ainda que este fosse atualizado quando da interposição do recurso! Ora, a referência feita pela Lei n. 8.177/91 aos recursos ordinário, de revista e de embargos infringentes (para colocarmos de parte os "extraordinários") não foi obra do acaso, traduzindo, isso sim, o propósito inequívoco da norma em limitar os sobreditos depósitos pecuniários às modalidades de impugnação dos pronunciamentos jurisdicionais citados.

Mais: se o recorrente (empregador) depositar (quando da interposição do recurso ordinário, p. ex.) o valor integral da condenação, a nenhum outro depósito em pecúnia estará obrigado, exceto se, em decorrência de recurso interposto pela parte contrária (o trabalhador), outros valores forem acrescidos à condenação. Esta nossa opinião foi perfilhada pela Súmula n. 128, I, do TST.

No caso de agravo de petição, em particular, conquanto o art. 8.º, § 2.º, da Lei n. 8.542, de 23 de dezembro de 1992, disponha que "A exigência de depósito aplica-se, igualmente, aos embargos à execução e *a qualquer recurso subsequente do devedor*" (realçamos), vale dizer, ao agravo de petição, a Súmula n. 128, II, do TST, estabelece: "Garantido o juízo, na fase executória, a exigência de depósito para recorrer de qualquer decisão viola os incisos II e LV do art. 5.º da CF/1988. Havendo, porém, elevação do valor do débito, exige-se a complementação da garantia do juízo".

Não menos desassisado seria afirmar-se que até mesmo o trabalhador estaria compelido a realizar esse depósito, nas hipóteses em que fosse condenado a pagar determinada quantia ao empregador, e da sentença desejasse recorrer, porquanto uma tal inferência implicaria subverter a vocação ideológica do processo do trabalho, dirigida à tutela daquele.

Por outro lado, em alguns casos, *todos* os réus, desde que vencidos na causa, deverão realizar o depósito, ainda que um deles já o tenha feito. Essa afirmação, por estar em desarmonia com o pensamento doutrinal predominante, exige justificativa. Antes de mais nada, devemos esclarecer que a nossa opinião não tem em vista a generalidade dos casos, senão que situações algo específicas. Uma dessas situações ocorre quando um dos réus está requerendo a sua exclusão da relação processual. Admitamos, para efeito de ilustração, que A e B foram condenados, em caráter solidário, ao adimplemento de certa obrigação, referida na sentença. Se ambos recorrerem, mas apenas B efetuar o depósito pecuniário, ainda que no valor da condenação (acima do próprio limite legal), esse depósito em nada beneficiará a A, caso B esteja, no recurso, pedindo a sua exclusão do processo. A razão é elementar: se B obtiver êxito em sua pretensão, sendo, em virtude disso, excluído da relação processual, é evidente que levará consigo o depósito pecuniário, anteriormente efetuado, fazendo com que, em termos concretos, o recurso interposto por A tivesse sido admitido, sem que este realizasse o aludido depósito. Ou seja, teríamos uma situação, sem dúvida, irregular, em que um dos réus teria o seu recurso admitido (e, talvez, provido), sem atender ao pressuposto legal objetivo do depósito em dinheiro.

Situações como a narrada não são cerebrinas, tendo sido verificadas com frequência, na prática. Há casos, *v.g.*, em que o trabalhador, embora tenha sido contratado por uma empresa prestadora de serviços, obtém o reconhecimento jurisdicional de que a relação de emprego se estabeleceu, na verdade, com a empresa cliente (tomadora). Se a sentença, que assim dispôs, mantiver a primitiva empregadora (empresa prestadora de serviços) na relação processual, a título de responsável solidária, e ambas as empresas vierem a interpor recurso, mas só a tomadora realizar o depósito pecuniário, o recurso da prestadora de serviços não deverá ser admitido. Como dissemos há pouco, poderá acontecer de o tribunal dar provimento ao recurso da tomadora, que, em razão disso, levantará o valor depositado, ficando o recurso da prestadora de serviços, em rigor, deserto. Se um dos objetivos desse depósito repousa na necessidade de assegurar-se, ainda que em parte, o sucesso da futura execução, fica fácil perceber que esse escopo será frustrado toda vez que permanecer na relação jurídica processual, apenas, a ré que não havia feito o mencionado depósito. Por esse motivo, a Súmula n. 128, do TST, dispôs: "III - Havendo condenação solidária de duas ou mais empresas, o depósito recursal efetuado por uma delas aproveita as demais, *quando a empresa que efetuou o depósito não pleiteia sua exclusão da lide*" (destacamos). Foi o que sempre sustentamos.

Na hipótese de um dos réus efetuar o depósito no valor total *da condenação*, mas não estar pretendendo a sua exclusão do processo, esse depósito beneficiará os demais réus, porquanto não haverá o risco de o recurso ficar deserto. Neste caso, incide a regra do art. 117, do CPC, segundo a qual os litisconsortes serão considerados, em suas relações com a parte contrária, como litigantes distintos (exceto no regime litisconsorcial do tipo unitário), razão pela qual os atos e as omissões de um não prejudicarão os demais, *embora os possam beneficiar.*

Se a sentença deixar de fixar o valor da condenação, observar-se-á, para efeito de depósito, o que houver sido arbitrado para o cálculo das custas, respeitado, sempre, o limite legal (CLT, art. 899, § 2.º). É oportuno lembrar a determinação contida no art. 832, § 2.º, da CLT, de que a decisão "mencionará sempre as custas que devam ser pagas pela parte vencida".

Não havendo condenação em pecúnia, é evidente que o depósito será inexigível. Tal seria o caso, p. ex., das sentenças que determinassem unicamente a anotação do contrato de trabalho na CTPS do empregado ou das que fossem apenas declaratórias. Estabelece, a respeito, a Súmula n. 161 do TST (antigo Prejulgado n. 39) que, "Se não há condenação de pagamento em pecúnia, descabe o depósito prévio de que tratam os §§ 1.º e 2.º do art. 899 da CLT".

O depósito deverá ser feito, obrigatoriamente, em conta vinculada ao juízo e corrigido de acordo com os índices da poupança (CLT, art. 899, § 4.º).

Se autor e réu houverem interposto recurso ordinário da sentença, e o tribunal der provimento apenas ao do primeiro, de modo a acrescer o valor da condenação, deverá o segundo, caso pretenda interpor recurso de revista desse acórdão, *complementar* o valor do depósito, sob pena de o seu apelo não ser admitido, por deserto.

De igual maneira, entendemos que, se houver mais de um autor (litisconsórcio ativo: CLT, art. 842), e embora o réu seja apenas um, este deverá efetuar o depósito *em relação a cada autor* (observado o limite legal), desde que a soma desses depósitos não ultrapasse o valor da condenação. Não há qualquer absurdo nesse parecer; ele decorre de uma interpretação conjugada nos arts. 899 e 842 da CLT. Basta ver que, se os vários autores houvessem promovido ações distintas, isto é, em separado, o réu deveria efetuar um depósito para cada um deles, caso pretendesse interpor recurso das respectivas sentenças condenatórias. A singularidade de haver *mais* de um autor no processo não significa que, em qualquer caso, o depósito deva ficar limitado a um só deles. Cremos ser esta a interpretação de melhor consulta ao escopo da lei.

As empresas podem realizar o depósito em banco integrante do mesmo grupo econômico, sendo que este poderá depositar o valor da condenação em suas próprias agências, desde que regularmente credenciado pelo Banco Central do Brasil e admitido à rede arrecadadora, mediante convênio, com a Caixa Econômica Federal ou com o Banco do Brasil.

Os bancos oficiais estão autorizados a efetuar o referido depósito em seus estabelecimentos, independentemente das exigências feitas, pela norma legal supracitada, aos bancos particulares.

Os juízos *a quo* e *ad quem*, entretanto, passaram a exigir que os bancos comprovassem a existência do credenciamento e do convênio a que se refere o art. 4.º do Decreto n. 59.820/66, sob pena de inadmissibilidade do recurso que viessem a interpor. Alguns tribunais nem sequer aceitavam que essa comprovação fosse efetuada por ocasião das razões de recurso, ou mesmo requerida da tribuna, por entender que o caso não se ajustava à previsão da Súmula n. 8 do TST.

Tendo em vista esses pronunciamentos da jurisprudência dos Regionais (e provavelmente preocupado com o fato), o TST não tardou em aprovar a Súmula n. 217, que, revertendo aquela tendência, dispôs: "O credenciamento dos bancos para o fim de recebimento do depósito recursal é fato notório, independendo de prova". Parece-nos acertada a orientação da Súmula, pois o não conhecimento dos recursos, por falta de comprovação do referido credenciamento, tinha, em boa parte dos casos, o objetivo não de fazer cumprir a lei (que, no caso, inexiste), mas, sim, de evitar o julgamento de mais um recurso.

Também não se vinha admitindo recursos cuja guia "relação de empregados" não contivesse qualquer registro mecânico, rubrica ou carimbo do banco depositário, ou quando a guia de recolhimento (GR) não permitisse identificar a que autos processuais se referia, nem indicasse o nome do(s) empregado(s). Esse posicionamento tornou-se de difícil sustentação com o advento da Súmula n. 216 do TST, segundo a qual "São juridicamente desnecessárias a autenticação mecânica do valor do depósito recursal na relação de empregados (RE) e a individualização do processo na guia de recolhimento (GR), pelo que a falta não importa em deserção". A sobredita Súmula, no entanto, foi cancelada, deixando um espaço aberto à controvérsia.

Por outro lado, a Orientação Jurisprudencial n. 264, da SBDI-1, do TST, estabelece: "Depósito recursal. PIS/PASEP. Ausência de indicação na guia de depósito recursal. Validade. Não é essencial para a validade da comprovação do depósito recursal a indicação do número do PIS/PASEP na guia respectiva".

A Súmula n. 426, do TST, por sua vez, estabelece: "Nos dissídios individuais o depósito recursal será efetivado mediante a utilização da Guia de

Recolhimento do FGTS e Informações à Previdência Social – GFIP, os termos dos §§ 4.º e 5.º do art. 899 da CLT, admitido o depósito judicial, realizado na sede do juízo e à disposição deste, na hipótese de relação de trabalho não submetida ao regime do FGTS".

Do depósito recursal estão dispensados:

a) a União, os Estados-membros, o Distrito Federal, os Municípios e as autarquias, na forma do art. 1.º, IV, do Decreto-lei n. 779/69. Não, porém, as *fundações* (sejam federais, estaduais ou municipais), uma vez que são pessoas jurídicas de direito privado (Código Civil, art. 44, inciso III) e as *empresas públicas;*

b) a massa falida (TST, Súmula n. 86), embora se venha a exigi-lo no caso de empresa sob o regime de liquidação extrajudicial (*ibidem*).

c) os beneficiários da justiça gratuita, nas entidades filantrópicas e as empresas em recuperação judicial (CLT, art. 899, § 10).

De igual maneira, o depósito em questão não deverá ser imposto ao empregador vencido na ação de consignação em pagamento (pois, nesse caso, a sua qualidade processual é de autor), exceto se o empregado houver formulado reconvenção, por força da qual aquele foi condenado a pagar-lhe determinada importância.

Por outro lado, o valor do depósito será reduzido pela metade para entidades sem fins lucrativos, empregadores domésticos, microempreendedores individuais, microempresas e empresas de pequeno porte (CLT, art. 899, § 9.º).

Ao recorrer de decisão condenatória (em pecúnia) em ação rescisória, proveniente do acolhimento desta, incumbe ao empregador vencido depositar o valor da condenação, no prazo fixado por lei, sob consequência de o seu apelo não ser admitido, por deserto (TST, Súmula n. 99). Assim também dispôs o art. 40, § 1.º, da Lei n. 8.177/91.

A referência que a Súmula n. 35 – já cancelada – fazia ao *salário mínimo* nos motivou, no passado, a expender uma consideração crítica, que, hoje, possui caráter puramente histórico. Vejamos.

A redação primitiva do art. 899 da CLT, em seus §§ 1.º e 2.º, aludia a *salário mínimo*. Com o advento da Lei n. 6.205/75, contudo, passou-se a falar em valor de referência (e não "salário" de referência, como se vem dizendo).

Se a descaracterização do salário mínimo como fator de correção monetária – objetivo confessado pela Lei n. 6.205/75 – foi, no plano genérico, salutar, porquanto procurou evitar que a majoração do salário mínimo provocasse um aumento automático, p. ex., dos aluguéis, das multas administrativas, enfim, de tudo aquilo que era calculado com base nele, não se pode deixar de reconhecer que essa mudança foi extremamente prejudicial para os empregados e, de certo modo, para o próprio processo do trabalho, considerado em seu aspecto teleológico.

Ocorre que o valor de referência, na época de sua instituição, quase equivalia ao do salário mínimo, então vigente; algum tempo depois, contudo, ele correspondia a pouco mais da metade do mínimo. E a situação se tornou algo preocupante, na época, pois havia uma nítida tendência de distanciamento do valor de referência em relação ao salário mínimo.

Diante disso, argumentamos, em livros anteriores, que se as finalidades do depósito previsto no art. 899 da CLT eram (e ainda são), em essência: a) desestimular a interposição de recursos, notadamente os procrastinatórios; e b) assegurar, ainda que em parte, a utilidade da futura execução da sentença condenatória. Sendo assim, a constatação inarredável a que se chegava era de que a efetivação de tal depósito, com base em valor de referência: a) já não tornava tão desestimulante a interposição de recursos; b) nem garantia, com a mesma eficácia, o sucesso da execução da sentença.

Entendíamos ser juridicamente possível sustentar-se a inaplicabilidade das disposições da Lei n. 6.205/75 ao depósito recursal, que, por isso, deveria continuar sendo feito em salário mínimo, porquanto este não estivesse sendo utilizado, no caso, como fator de correção monetária; logo, não produziria qualquer efeito inflacionário. Toda essa judiciosa argumentação, todavia, encontrava expressivo obstáculo no Decreto n. 75.704, de 8 de maio de 1975, que fixara o coeficiente de atualização monetária previsto na Lei n. 6.205/75, pois esse texto explicitava que o valor de referência deveria ser observado tanto para efeito de *depósito recursal* quanto de *alçada* (art. 2.º). Por outras palavras, o precitado Decreto atrelara, desastradamente, o processo do trabalho às rédeas ilegítimas da Lei n. 6.205/75. A Lei n. 7.701/88, porém, manteve o valor de referência como base de cálculo desse depósito, tornando ainda mais difícil a sustentação do parecer de que se poderia utilizar para esse fim o salário mínimo.

Idealmente, dizíamos, a correção desse desvio finalístico deveria ser buscada pela via legislativa, o que não impedia que jurisprudência de vanguarda e imbuída de necessário senso crítico se antecipasse ao legislador, desvinculando (segundo os bons argumentos que, por certo, teria para utilizar) o depósito para recurso do valor de referência e restabelecendo o salário mínimo como base de cálculo.

Felizmente, a Lei n. 8.177/91 estabeleceu *valores certos* para esse depósito (art. 40), desvinculando-os do salário mínimo – certamente por força do estatuído no art. 7.º, inciso IV, que veda a vinculação desse salário para qualquer finalidade. Mais tarde, a fixação dos valores pertinentes aos depósitos para fins de recurso passou a ser efetuada por ato da Presidência do TST.

O depósito é também necessário ainda que se trate de recurso interposto das sentenças proferidas nas denominadas ações da alçada exclusiva dos órgãos de primeiro grau, criadas pela Lei n. 5.584/70 (art. 2.º, § 4.º); a admissibilidade do recurso, nessas ações, está subordinada, como vimos, ao pressuposto de a sentença haver envolvido matéria constitucional.

Decidiu o TST, com grande lucidez, que "O depósito, quando o valor global da condenação for indeterminado, será feito tendo como referência o valor arbitrado para fins de custas (CLT, art. 899, § 2.º). Esse arbitramento se fará na forma do art. 789, § 3.º, alínea *c*, também da CLT. Na falta do mesmo – pouco importando a indicação, apenas, do valor das custas a serem pagas, sem que conste dos autos o cálculo respectivo – a parte não pode ter como deserto o seu recurso ordinário, sobretudo quando teve a extrema cautela de fazer o depósito integral da parte líquida da condenação. Recurso de revista conhecido e provido para que o TRT aprecie e julgue o mérito do recurso, *in* ordinário" (Ac. 2.ª T., 632/84 - RR - 253/83, Rel. Min. Mozart Russomano, DJU de 27.4.1984).

Anteriormente ao advento da Lei n. 13.467/2017, sustentávamos o entendimento de que como norma legal (CLT, art. 899, § 1.º), fazia inconfundível menção a depósito em dinheiro não se deveria permitir que o recorrente procurasse substituí-lo por outros bens, porquanto não se cuidava, no caso, daquela garantia do juízo prevista pelo art. 882 da CLT, como pressuposto para a admissibilidade dos embargos à execução. Ainda que a espécie fosse desses embargos, aliás, a preeminência seria do valor em pecúnia (Lei n. 6.830/80, art. 11, *caput,* I). Deu-se, todavia, que, tempos depois, a Lei n. 13.467/2017 inseriu o § 11, no art. 899, da CLT, para permitir que o depósito recursal fosse substituído por fiança bancária ou seguro garantia judicial. Sendo assim, já não temos como manter o antigo entendimento.

Transitando em julgado a sentença, diz a lei (CLT, art. 899, 1.º, parte final) que o juiz autorizará o levantamento *imediato* da importância depositada, em favor da parte vencedora, cabendo ao banco depositário elaborar o cálculo da correção monetária e dos juros da mora devidos. Elementar regra de cautela, entretanto, sugere que o juiz, em certos casos, não ordene de pronto a liberação da quantia depositada. Digamos, *e.g.*, que o tribunal tenha reduzido, acentuadamente, o valor da condenação, fazendo com que este fique muito abaixo da própria quantia depositada. Eventual determinação para que fosse *imediatamente* liberado o depósito em prol do empregado faria com que o trabalhador talvez tivesse, mais tarde, de restituir a importância excedente ao seu crédito; esse fato poderia provocar uma série de transtornos, na prática, pois é provável que o empregado não tivesse condições para devolver o excesso. Sempre, portanto, que o órgão *ad quem,* dando provimento parcial ao recurso interposto pelo empregador, reduzir o valor da condenação, cumpre ao juiz ordenar, primeiro, a feitura dos cálculos da execução (incluídos a correção monetária e os juros), para, só depois disso, autorizar a liberação total ou parcial do valor depositado, em benefício do empregado-credor, conforme seja o caso.

Dispunha o § 3.º do art. 899 da CLT que, "Na hipótese de se discutir no recurso, matéria já decidida através de prejulgado do Tribunal Superior do

Trabalho, o depósito poderia levantar-se, de imediato, pelo vencedor". Essa norma, contudo, foi revogada pela Lei n. 7.033, de 5 de outubro de 1982. Não se suponha que, se a matéria objeto do recurso estivesse consubstanciada em *Súmula* do TST, o depósito poderia ser liberado em prol do empregado-recorrido antes de o recurso ser julgado. A regra impressa no revogado § 3.º do art. 899 decorria do fato (esdrúxulo, como é óbvio) de a própria CLT haver atribuído aos extintos prejulgados uma eficácia coercitiva dos graus inferiores da jurisdição (TRTs e Varas), que nem mesmo a lei possui (art. 902).

Assunto que não poderia ficar à margem deste nosso estudo diz respeito à possibilidade de parte complementar o valor do depósito para recurso, quando este for inferior ao devido. No processo do trabalho, não se vinha admitindo essa complementação, como revela a Orientação Jurisprudencial n. 140, da SBDI-I, do TST: "Depósito judicial e custas. Diferença ínfima. Deserção. Ocorrência. Ocorre deserção do recurso pelo recolhimento insuficiente das custas e do depósito recursal, ainda que a diferença em relação ao *quantum* devido seja ínfima, referente a centavos".

Seria aplicável ao processo do trabalho a regra contida no art. 1.007, § 2.º, do CPC, conforme a qual "A insuficiência no valor do preparo, inclusive porte de remessa e de retorno, implicará deserção se o recorrente, intimado na pessoa de seu advogado, não vier a supri-lo no prazo de 5 (cinco) dias". No sistema do processo civil não há necessidade de realização do depósito referente ao valor da condenação, para efeito de interposição de recurso. O preparo, de que fala a norma legal em exame, restringe-se, pois, a custas e ao depósito concernente ao porte de remessa e de retorno dos autos. Nosso entendimento quanto à pergunta que formulamos é este: somente deveria ser aplicado ao processo do trabalho o art. 1.007, § 2.º, do CPC, no tocante às custas e não, ao depósito recursal. Uma nova indagação se impõe: o processo do trabalho admitiria a incidência do § 4.º, do art. 1.007, do CPC, contendo esta redação: "O recorrente que não comprovar, no ato de interposição do recurso, o recolhimento do preparo, inclusive porte de remessa e de retorno, será intimado, na pessoa de seu advogado, para realizar o recolhimento em dobro, sob pena de deserção". A situação, aqui, é distinta da prevista no § 2.º do mesmo artigo: enquanto, no caso do § 2.º, o recorrente efetuou o preparado de maneira insuficiente, no caso do § 4.º o preparo não foi realizado. Pois bem. Se, há pouco, dissemos da inaplicabilidade ao processo do trabalho do estatuído no § 2.º do art. 1.007, do CPC (insuficiência de preparo), em relação ao depósito recursal, por mais forte razão não admitimos a aplicação, a este processo, do disposto no § 4.º (inexistência de preparo), também quanto ao depósito recursal.

Sendo assim, o máximo de concessão que se poderia fazer, nos domínios do processo do trabalho, ao recorrente que se manifestou descuidado ao interpor recurso, seria, exclusivamente, quanto às custas processuais, por forma a permitir-lhe: a) complementá-las (CPC, art. 1.007, § 2.º); b) ou pagá-las, em dobro (*ibidem*, § 4.º), desde que quaisquer desses atos deferidos fosse realizado pela parte *dentro do prazo para a interposição de recurso* (CLT, art. 789, § 1.º, *in fine*).

Entrementes, com a entrada em vigor do CPC de 2015, a SBDI-I, do TST, reformulou a redação da OJ n. 140, que assim se apresenta: "Depósito recursal e custas processuais. Recolhimento insuficiente. Deserção. (nova redação em decorrência do CPC de 2015) - Res. 217/2017 - DEJT divulgado em 20, 24 e 25.04.2017. Em caso de recolhimento insuficiente das custas processuais *ou do depósito recursal*, somente haverá deserção do recurso se, concedido o prazo de 5 (cinco) dias previsto no § 2º do art. 1.007 do CPC de 2015, o recorrente não complementar e comprovar o valor devido" (destacamos).

No caso de agravo de petição, conquanto o art. 8.º, § 2.º, da Lei n. 8.542, de 23 de dezembro de 1992, disponha que "A exigência de depósito aplica-se, igualmente, aos embargos à execução e *a qualquer recurso subsequente do devedor*" (realçamos), vale dizer, ao agravo de petição, a Súmula n. 128, do TST, estabelece: "Garantido o juízo, na fase executória, a exigência de depósito para recorrer de qualquer decisão viola os incisos II e LV do art. 5.º da CF/88. Havendo, porém, elevação do valor do débito, exige-se a complementação da garantia do juízo" (item III).

1.5.7. Custas

As custas constituem espécies do gênero *despesas processuais* e concernem à informação, propulsão e terminação do processo", no magistério de Pontes de Miranda (obra cit., p. 490).

As despesas, *lato sensu*, compreendem todos os gastos que as partes efetuam em juízo, como as próprias custas, os honorários periciais, as publicações em jornais, as despesas realizadas para o comparecimento das testemunhas à audiência (CPC, art. 462), os honorários de advogado etc.

Nos termos do art. 789, § 4.º, da CLT, em sua redação anterior, tratando-se de recurso, as custas deveriam ser pagas pelo vencido no prazo de cinco dias, contado da data da interposição do apelo, e não da data em que terminaria o prazo para recorrer, sob pena de ser considerado deserto. Sendo assim, se o prazo para exercer a pretensão recursal se esgotasse no dia 10, mas a parte protocolasse a petição de recurso no dia 8, o quinquídio para o pagamento das custas seria contado desta e não daquela data; não pagas até o dia 13, a deserção estaria configurada.

A norma legal supracitada, porém, nada continha a respeito do prazo de que a parte dispunha para comprovar o *recolhimento* das custas. Preenchendo essa lacuna, a Súmula n. 352, do TST, declarou: "O prazo para comprovação do pagamento das custas, sempre a cargo da parte, é de cinco dias contados do seu recolhimento (CLT, art. 789, § 4.º, CPC, art. 185)". Durante largo período, essa Súmula serviu como diretriz para as partes e para o próprio Judiciário. Todavia, publica-se a Lei n. 10.537, de 27 de agosto de 2002 (DOU de 28 do mesmo mês), que dá nova redação, entre outros, ao art. 789, § 1.º, da CLT, que passa a ser a seguinte: "As custas serão pagas pelo vencido, após o trânsito em julgado da decisão. No caso de recurso, as custas serão *pagas e comprovado o recolhimento dentro do prazo recursal*" (ressaltamos). Posteriormente, o TST: a) em atendimento ao disposto no art. 790, *caput*, da CLT (com a redação imposta pela Lei n. 10.537/2002), edita a Instrução Normativa n. 20/2002, estabelecendo os "procedimentos para o recolhimento de custas e emolumentos devidos à União no âmbito da Justiça do Trabalho"; b) cancela a Súmula n. 352 (Resolução n. 114/2002). Portando, na atualidade, as custas deverão ser *pagas*, e *comprovado* o recolhimento, *dentro* do prazo para a interposição de recurso, sob pena de deserção.

Certa jurisprudência vem entendendo, há muito tempo, que o prazo para o pagamento das custas se inicia em *qualquer dia*, seja útil ou não. Segundo esse critério, se o recurso for interposto em uma sexta-feira, o prazo para o pagamento das custas teria fluência já no dia subsequente, pouco importando que fosse sábado, de tal maneira que se esgotaria na quarta-feira. Pensamos ser juridicamente sustentável esse entendimento, pois as custas, em rigor, pertencem ao direito *material* (tanto que o seu não pagamento, quando devido, enseja a correspondente execução), e não ao direito processual. Em razão disso, não se aplica a elas a regra geral de que os prazos não se iniciam nem se vencem em dias desúteis (CLT, art. 775, parágrafo único); tratando-se de tema relativo a direito *substancial*, o prazo é computado *sem exclusão*, no seu início e no fim, dos dias que não forem úteis.

O valor das custas deverá ser fixado pela sentença, porquanto, como já frisamos, há preceito legal neste sentido (CLT, arts. 789, § 2.º, e 832, § 2.º). Caso a sentença seja omissa em tal aspecto, poderá a parte requerer ao juiz a fixação do valor das custas, mediante simples petição, a despeito de os embargos declaratórios serem perfeitamente oponíveis na espécie. Na hipótese em questão, o prazo para o pagamento das custas será contado da intimação do cálculo, conforme estabelece a Súmula n. 53 do TST. É por isso que não se poderá cogitar de deserção do recurso enquanto a parte estiver aguardando o despacho judicial, deferindo ou indeferindo o requerimento de fixação das custas a serem pagas.

Anteriormente à adoção da Súmula, a jurisprudência vinha entendendo que, mesmo no caso de as custas não estarem contadas nos autos, o prazo para pagá-las fluiria na Secretaria do órgão, sem que se devesse intimar o interessado quando fosse feito o cálculo. A ementa da Suprema Corte, que a seguir reproduziremos em parte, bem reflete o pensamento jurisprudencial da época: "Há prazos fatais e peremptórios, que correm em cartório, independentemente de qualquer intimação. É o que acontece, sem dúvida, com o prazo do art. 789, § 4.º, da CLT, que começa a ser contado da data da interposição do recurso. Se a conta de custas ainda não estava feita, compete à parte estar atenta, para não ser surpreendida, pois o seu prazo corre em cartório e independe de intimação" (Ac. STF - 1ª T., RE 52.292, Rel. Min. Evandro Luis e Silva, DJU de 5.3.1964).

A orientação perfilhada pelo TST e cristalizada, tempos depois, na Súmula n. 53, foi, sem dúvida, a melhor, porque procurou fazer justiça à parte que, pretendendo recorrer, desconhecia o valor das custas a serem recolhidas e tinha de ficar em permanente estado de vigilância (e de tensão), pois, quando a Secretaria as lançasse nos autos, ela não seria intimada desse ato. Essa situação obrigava a que a parte ou seu advogado comparecessem quase que diariamente à Secretaria, ou à Escrivania do órgão, a fim de evitarem ser surpreendidos com virtual despacho do juiz, denegatório do recurso interposto, por entendê-lo deserto. Merece encômios, por isso, a orientação expressa na Súmula n. 53 do TST.

No processo do trabalho é inadmissível a condenação *pro rata* das custas quando as pretensões do autor forem acolhidas *em parte*; o pagamento, nesse caso, incumbirá apenas ao réu, com apoio no valor em que tenha sido condenado. O rateio das custas somente é permitido quando se tratar de transação (acordo), a teor do art. 789, § 3.º, da CLT. E, também, nos dissídios coletivos (*ibidem*, § 4.º). Neste processo especializado, igualmente não há lugar para a incidência do estatuído no art. 82, do CPC, segundo o qual "incumbe às partes prover as despesas dos atos que realizarem ou requererem no processo, antecipando-lhes o pagamento desde o início até a sentença final ou, na execução, até plena satisfação do direito reconhecido no título". Igualmente, não se aplica ao processo do trabalho a regra contida no § 1.º do mesmo artigo, que atribui ao autor o adiantamento das despesas relativas a atos cuja realização tenha sido determinada pelo juiz, de ofício, ou a requerimento do Ministério Público, quando este intervier na qualidade de fiscal da ordem jurídica. Sucede que, na sistemática adotada pela CLT, as custas e as despesas, *lato sensu*, somente serão pagas *"após o trânsito em julgado da decisão"* e, ainda assim, pelo vencido (CLT, art. 789, § 1.º) e desde que este não seja a União.

Dispunha o art. 789, § 1.º, da CLT, em sua redação original: "Nos Juízos de Direito a importância das custas será dividida proporcionalmente entre o juiz e os funcionários no feito...". O STF, contudo, em decisão inatacável, declarou a inconstitucionalidade da expressão *o juiz e*, porque ofensiva do art. 114, II, da Emenda Constitucional n. 1, de 1969 (RE n. 75.390, de 24.10.73, Rel. Min. Aliomar Baleeiro, DJU de 7.12.1973). Posteriormente, como lhe compete, o Senado Federal, pela Resolução n. 19, de 17 de junho de 1974, suspendeu a execução dessa expressão (*o juiz e*). Tempo depois, o TST, pela Resolução Administrativa n. 1/75, dividiu as custas na seguinte proporção: 60% para o escrivão e 40% para os demais funcionários que tenham atuado no processo, permitindo, ainda, ao distribuidor cobrar as custas de acordo com o regimento local.

Permite a lei (CLT, art. 790, § 3.º) que o juiz conceda, de ofício ou a requerimento do interessado, o benefício da *justiça gratuita*. Essa constitui *espécie* do gênero *assistência judiciária* e compreende a isenção de custas, traslados, emolumentos e outras despesas processuais, desde que o empregado perceba salário igual ou inferior a 40% limite máximo dos benefícios do Regime Geral da Previdência Social.

Ao fazer referência expressa ao *salário*, como critério para a concessão da justiça gratuita, a lei parece deixar claro que esta não se estende ao *empregador*, ainda que pessoa física e paupérrima. Entendemos, porém, que o juiz possa e deva deferir o benefício da assistência judiciária gratuita também ao empregador, contanto que este demonstre não possuir condições financeiras ou econômicas para realizar o pagamento das custas a que foi condenado e seja pessoa física. Convém lembrar que a assistência judiciária (gênero) figura como um direito constitucional *do indivíduo* (art. 5.º, LXXIV). Aliás, a norma constitucional mencionada alude à prestação de assistência *jurídica* integral e gratuita "aos que" comprovarem a insuficiência de recursos financeiros (*ibidem*). A expressão aspada demonstra não haver, a Constituição da República, efetuado nenhuma distinção entre pessoas, para efeito de concessão de assistência judiciária, plena e graciosa, desde que se trate de pessoa *física*. Ademais, a assistência *jurídica* tem e apresenta um conceito mais amplo do que a assistência judiciária; aquela compreende não apenas esta, mas, também, a tornar concreta o acesso da pessoa à ordem jurídica justa, mediante orientação e promoção dos direitos humanos, além da defesa dos direitos individuais e coletivos (CPC, art. 185).

Para a obtenção do benefício da justiça gratuita, a parte deverá comprovar a insuficiência de recursos financeiros para o pagamento das custas do processo (CLT, art. 790, § 4.º). A despeito disso, ele poderá ser condenado ao pagamento de honorários periciais e advocatícios, nos termos dos arts. 790-B, § 4.º, e 791-A, § 4.º, da CLT, respectivamente.

É importante observar que, se a parte requerer, no prazo para pagamento, a dispensa das custas, o prazo para o recebimento destas ficará suspenso, voltando a fluir da intimação do despacho que indeferiu o requerimento da isenção (se esse for o caso).

A respeito do tema, a SBDI-I, do TST, com a vigência do CPC de 2015, alterou a OJ n. 269, que passou a ter a seguinte redação: "Justiça gratuita. Requerimento de isenção de despesas processuais. Momento oportuno (inserido item II em decorrência do CPC de 2015) - Res. 219/2017, DEJT divulgado em 28, 29 e 30.06.2017 – republicada – DEJT divulgado em 12, 13 e 14.07.2017. I – O benefício da justiça gratuita pode ser requerido em qualquer tempo ou grau de jurisdição, desde que, na fase recursal, seja o requerimento formulado no prazo alusivo ao recurso; II – Indeferido o requerimento de justiça gratuita formulado na fase recursal, cumpre ao relator fixar prazo para que o recorrente efetue o preparo (art. 99, § 7º, do CPC de 2015)".

Estabelece o art. 790, § 1.°, da CLT, que em se tratando de empregado que não tenha obtido o benefício da justiça gratuita, ou isenção de custas, "o sindicato que houver intervindo no processo responderá solidariamente pelo pagamento das custas devidas". Esse dispositivo tem sido muito mal interpretado na prática e também pela jurisprudência; daí por que, os sindicatos vêm sendo condenados, em caráter solidário, ao pagamento das custas mesmo quando se encontram prestando aquela mera assistência judiciária gratuita, a que faz menção a Lei n. 5.584/70, art. 14. Ora, o sindicato, na espécie, não é *parte* na relação jurídica processual nem sujeito do processo. A presença da entidade sindical nos autos decorre do fato de a referida lei impor-lhe a prestação de assistência judiciária aos integrantes da categoria, associados ou não, sob pena de responsabilidade dos seus diretores (art. 18). Quando o sindicato atua na qualidade de substituto processual (como ocorre nos casos previstos pelos arts. 195, § 2.º, e 872, parágrafo único, da CLT), é justificável a sua condenação ao pagamento das custas. Nem se suponha que a alusão feita pelo § 1.º do art. 790 da CLT à *intervenção* do sindicato no processo legitime o entendimento de que ele, nesse caso, possa ou deva ser condenado solidariamente ao pagamento das custas. *Data venia,* em linguagem processual, *intervir* tem um significado próprio, inconfundível. Intervir significa meter-se de permeio, intrometer-se em relação jurídica alheia. Desse modo, se a entidade interviesse nos autos para agir como assistente *ad adiuvandum* da parte (porque teria interesse em que a sentença fosse favorável a esta), seria admissível a sua condenação nas custas, na hipótese de os pedidos do autor (assistido) serem rejeitados. A razão legal está em que o assistente atua como auxiliar da parte principal, exercendo os mesmos poderes e faculdades e sujeitando-se, em consequência, aos mesmos ônus processuais que o assistido (CPC, art. 52, *caput*).

Ao ministrar assistência judiciária aos integrantes da categoria profissional, o sindicato, *venia concessa,* não está agindo como assistente da parte, senão que se desincumbindo de uma obrigação oriunda de norma legal. Podemos afirmar, sem receio de erro, que qualquer condenação do sindicato ao pagamento solidário das custas, nesse caso, será manifestamente *ilegal.* Lamentavelmente, a Súmula n. 223, do STF, ao estatuir que "Concedida a isenção de custas ao empregado, por elas não responde o sindicato que o representa em juízo", admite, embora de maneira implícita, a sua condenação ao pagamento das custas sempre que o autor não houver obtido a mencionada isenção. A Súmula precitada, como é evidente, incorreu no mesmo erro de certo segmento da jurisprudência trabalhista, cujo fato se originou de uma interpretação distorcida do § 1.°, do art. 790, do art. 789, da CLT.

Aliás, se bem refletirmos, veremos que o sindicato já não está obrigado a prestar assistência judiciária gratuita aos integrantes da categoria. Assim opinamos, porque, ao tempo da Constituição de 1967, com a Emenda n. 1, de 1969, as entidades sindicais exerciam "funções delegadas de poder público" (art. 166, *caput*), razão por que a Lei n. 5.584/70 foi coerente com o sistema constitucional, então vigente, ao atribuir ao sindicato o encargo de prestar assistência judiciária gratuita. No sistema da Constituição Federal de 1988, entrementes, as entidades sindicais já não exercem funções delegadas de poder público. Certamente por esse motivo foi que a Constituição atribuiu *ao Estado* o dever de prestar "assistência jurídica integral e gratuita aos que comprovarem insuficiência de recursos" (art. 5.º, inciso LXXIV). Sendo assim, colocou-se em antagonismo com a mencionada norma constitucional o art. 14, da Lei n. 5.584/70 ao cometer ao sindicato o encargo de ministrar assistência judiciária aos integrantes da categoria profissional. É relevante observar que a assistência jurídica, a que se refere o art. 5.º, inciso LXXIV, da Constituição, possui um sentido abrangente, compreendendo não apenas a assistência judiciária, mas, também, a inserção da pessoa na ordem jurídica justa. Em suma, o inciso LXXIV do art. 5.°, da Constituição Federal, derrogou o art. 14, da Lei n. 5.584/70.

Nos casos de administração pública de interesses privados (que se tem, inadequadamente, denominado *jurisdição voluntária*, pois aqui não há atividade jurisdicional, mas administrativa, bem como nada tem de voluntária, uma vez que decorre de iniciativa do interessado), não há custas, porquanto inexiste ação, processo ou lide. Nem há partes, mas, sim, meros interessados. Exemplo típico, na Justiça do Trabalho, de administração pública de interesse privado é a "homologação" de opção de empregado estável pelo regime do FGTS e da terminação do contrato de trabalho desses mesmos empregados (CLT, art. 500). Outro exemplo é o do "processo de jurisdição voluntária (*sic*) para homologação de acordo extrajudicial", de que se ocupam os arts. 855-B a 855-E, da CLT.

Constitui prerrogativa dos Estados-membros, do Distrito Federal, dos Municípios e das autarquias o pagamento a final das custas (Dec.-lei n. 779/69, art. 1.º, VI). A União, todavia, está dispensada desse pagamento, pois, sendo as custas devidas à Fazenda Pública Federal, seria desarrazoado imaginar que a União devesse, em última análise, recolher custas para si mesma. As empresas públicas e as fundações (sejam federais, estaduais ou municipais) não estão abrangidas pelas disposições do Decreto-lei n. 779/69, cumprindo-lhes, portanto, efetuar o recolhimento das custas no prazo legal, sempre que pretenderem interpor recurso. É com vistas aos esclarecimentos ora efetuados que deveríamos entender o enunciado da Súmula n. 4 do TST, conforme o qual "As pessoas jurídicas de direito público não estão sujeitas a prévio pagamento de custas, nem a depósito da importância da condenação, para o processamento de recurso na Justiça do Trabalho". Conquanto esta Súmula tenha sido cancelada, a orientação, nela contida, segue prevalecendo.

Por mais forte razão, as sociedades de economia mista ficaram à margem da dicção da Súmula n. 4 do TST, "ainda que gozassem desses benefícios anteriormente ao Dec.-Lei n. 779, de 21.08.1969" (Súmula n. 170 do TST - antigo Prejulgado n. 50).

Estão isentos do pagamento das custas:

a) Os beneficiários de justiça gratuita;

b) A União, os Estados, o Distrito Federal, os Municípios e respectivas autarquias e as fundações públicas federais, estaduais ou municipais que não explorem atividade econômica;

c) O Ministério Público do Trabalho (CLT, art. 790-A, incisos I e II).

A massa falida também não está obrigada ao pagamento de custas, para efeito de interposição de recurso; conseguintemente, não se pode cogitar de deserção quando ela deixar de atender a esse pressuposto objetivo de admissibilidade, no geral exigível (Súmula n. 86 do TST, primeira parte). Cumpre-nos repisar, contudo, a observação de que as empresas em regime de liquidação extrajudicial estão obrigadas a recolher custas, bem como, a efetuar o depósito para recurso (TST, Súmula n. 86, parte final).

Segundo a antiga redação do § 3.º, letra "d", do art. 789, da CLT, no denominado (impropriamente, aliás) inquérito para apuração de falta grave cometida por empregado estável, as custas seriam sempre pagas pelo empregador, calculadas sobre seis vezes o salário mensal do empregado-réu. Dispunha, por isso, a Súmula n. 49 do TST que, se essas custas deixassem de ser pagas no prazo fixado pelo juiz, seria determinado o "arquivamento do processo" (*sic*). Algumas observações críticas se fizeram necessárias a respeito da referida Súmula. Em primeiro lugar, a linguagem utilizada era pouco científica, para dizermos o menos. O não pagamento das custas, segundo pretendeu dizer a Súmula, acarretaria a extinção do processo sem pronunciamento sobre o mérito, com o consequente arquivamento dos autos (e não "do processo"). Em segundo, o direito processual do trabalho em nenhum momento cominava essa sanção para o empregador que deixasse de recolher as custas; ao contrário, prescrevia o § 8.º do art. 789 da CLT que o não pagamento das custas ensejaria o processo de execução traçado pelo Capítulo V daquele texto legal (a mencionada norma foi transferida para o § 2.º do art. 790, da CLT). Ademais, a obediência à orientação contida na Súmula n. 49 implicava denegação da tutela jurisdicional, que é devida pelo Estado. Ora, se o Estado avocou, de maneira monopolística, o encargo de compor os conflitos de interesses verificados entre os indivíduos e as coletividades (no que, a propósito, andou certo, se levarmos em conta a necessidade de preservação da harmonia e da estabilidade das relações sociais), é indiscutível que a jurisdição se tornou, a partir daí, não apenas um poder, mas sobretudo um seu *dever*. Não admitíamos, a poder desses argumentos, como pudesse o Judiciário – sem que o ato configurasse recusa na entrega da prestação jurisdicional a que está obrigado – deixar de pronunciar-se sobre ação destinada a comprovar falta grave perpetrada por empregado estável, a pretexto de que as custas não foram pagas. *Data venia*, se o empregador não as pagasse, não poderia o Judiciário eximir-se de compor a lide, pois as custas poderiam ser cobradas, como dissemos, em consonância com as normas que disciplinavam a execução de título judicial (CLT, arts. 876 e segs.).

Nem se ignore – dizíamos – que, contestada a ação, o empregado-réu adquire o direito processual de obter um pronunciamento sobre o mérito, motivo por que a própria desistência desta, por parte do empregador-autor, está subordinada a uma concordância expressa daquele (CPC, art. 485, § 4.º).

A Lei n. 10.537/2002, todavia, impendeu nova redação ao art. 789, da CLT, não mais se ocupando com as custas a serem pagas no denominado "inquérito" para apuração de falta grave. Esse silêncio da norma legal sobre o tema, visto sob uma perspectiva técnica, está a significar que essas custas não são mais atribuídas, exclusivamente, ao empregador (como autor), devendo, isto sim, ser pagas por aquele que ficar vencido na causa; logo, no final do processo. O critério para o cálculo está previsto no inciso III, do art. 789, da CLT – porquanto as ações em questão contêm, de ordinário, natureza constitutiva. Sendo condenatórias, o cálculo das custas obedecerá ao disposto no inciso I, da mesma norma legal. Neste caso, cremos não ser possível pensar-se em recepção implícita da antiga regra legal acerca do pagamento de custas nos (impropriamente) denominados "inquéritos", porquanto parece ter sido intenção da Lei n.10.537/2002 reservar ao § 1.º, do art. 789, a tarefa de regular todos os casos em que, nos dissídios individuais, houver condenação.

A Súmula n. 25, do TST, contém proveitosas disposições a respeito das custas processuais: "Custas processuais. Inversão do ônus da sucumbência. (alterada a Súmula e incorporadas as Orientações Jurisprudenciais ns. 104 e 186 da SBDI-1) - Res. 197/2015 - DEJT divulgado em 14, 15 e 18.05.2015. I - A parte vencedora na primeira instância, se vencida na segunda, está obrigada, independentemente de intimação, a pagar as custas fixadas na sentença originária, das quais ficara isenta a parte então vencida; II - No caso de inversão do ônus da sucumbência em segundo grau, sem acréscimo ou atualização do valor das custas e se estas já foram devidamente recolhidas, descabe um novo pagamento pela parte vencida, ao recorrer. Deverá ao final, se sucumbente, reembolsar a quantia; (ex-OJ n. 186 da SBDI-I) III - Não caracteriza deserção a hipótese em que, acrescido o valor da condenação, não houve fixação ou cálculo do valor devido a título de custas e tampouco intimação da parte para o preparo do recurso, devendo ser as custas pagas ao final; (ex-OJ n. 104 da SBDI-I) IV - O reembolso das custas à parte vencedora faz-se necessário mesmo na hipótese em que a parte vencida for pessoa isenta do seu pagamento, nos termos do art. 790-A, parágrafo único, da CLT".

Segundo a Súmula n. 36 do TST, "Nas ações plúrimas as custas incidem sobre o respectivo valor global". As *ações plúrimas*, enquanto expressão, traduzem canhestra criatividade da jurisprudência; melhor teria sido que se tivesse respeitado a tradição jurídica processual, falando-se em litisconsórcio ativo. Essa espécie de cumulação subjetiva de ações está prevista pelo art. 842 da CLT e pelo art. 113, do CPC.

Em regra, pela orientação da Súmula, o valor só pode ser observado quando a condenação for do réu. Condenação ao pagamento do principal e das custas, esclareça-se. Se os pedidos dos autores forem rejeitados, e estes, condenados ao pagamento das custas, é elementar que aí não será jurídico que sejam calculados sobre o valor global, entendido este como o que tenha sido atribuído à causa. A multiplicidade de autores não pode servir de pretexto para desprezar a individualidade das pretensões por eles deduzidas em juízo. Dessa maneira, a condenação às custas, na hipótese mencionada, deverá observar o valor individual de cada pedido. Esse procedimento haverá de ser também respeitado quando tratar-se de ausência injustificada de alguns dos autores à audiência, quando o juízo, declarando extinto o processo sem julgamento do mérito, em relação a tais autores, os condenará (se for o caso) ao pagamento das custas segundo seja o valor dos seus pedidos.

O não pagamento dos emolumentos, quando esses forem exigíveis, acarretará igualmente a deserção do recurso. Os emolumentos constituem uma espécie de compensação pelos atos praticados pelo poder público, embora sejam atos estranhos, por princípio, à jurisdição propriamente dita. O § 5.º do art. 789 da CLT falava de emolumentos de traslados e instrumentos, que deveriam ser pagos dentro de quarenta e oito horas após a sua extração, "feito, contudo, no ato do requerimento, o depósito prévio do valor estimado pelo funcionário encarregado, sujeito à complementação, com ciência da parte, sob pena de deserção".

Ex vi da Lei n. 10.537/2002, a matéria atinente aos emolumentos passou a ser regulada pelo art. 789-B, da CLT e pela Instrução Normativa n. 20/2002, do TST. Essa Instrução, todavia, nada dispõe sobre o prazo para o pagamento dos emolumentos. Pensamos, por isso, que esse prazo deva ser de 48 horas, mediante realização de prévio depósito do valor correspondente, ou seja, como determinava o revogado § 5.º, do art. 789, da CLT – que, assim, teria sido recepcionado, implicitamente, pela nova realidade legal.

Atualmente, a matéria concernente às custas e emolumentos é disciplinada pelos arts. 789, 789-A, 789-B, 790 e 790-A, da CLT, com a redação imposta pelas Leis ns. 10.537/2002 e 13.467/2017. No caso das custas, dispõe a primeira norma legal que deverão ser pagas e "comprovado o seu recolhimento dentro do prazo recursal". A Instrução Normativa n. 20/2002, do TST, afirma ser "ônus da parte zelar pela exatidão do recolhimento das custas e/ou emolumentos, bem como requerer a juntada aos autos dos respectivos comprovantes". Esclarece, por outro lado, o inciso XVI da mesma Instrução que "Os emolumentos serão suportados pelo requerente".

A OJ n. 140, da SBDI-1, do TST, não permitia a complementação do valor das custas – exceto, aditamos, se tivesse ocorrido um acréscimo de condenação. Tirante, pois, esta exceção, o recurso da parte não seria admitido se o valor das custas fosse inferior ao que deveria ter sido pago, mesmo que a diferença seja ínfima, envolvendo meros centavos. Posteriormente, contudo, entra a viger o

CPC de 2015, cujo art. 1.007, § 2.º, estabelece: "A insuficiência no valor do preparo, inclusive porte de remessa e de retorno, implicará deserção se o recorrente, intimado na pessoa de seu advogado, não vier a supri-lo no prazo de 5 (cinco) dias"; e o § 4.º, do mesmo dispositivo legal: "O recorrente que não comprovar, no ato de interposição do recurso, o recolhimento do preparo, inclusive porte de remessa e de retorno, será intimado, na pessoa de seu advogado, para realizar o recolhimento em dobro, sob pena de deserção". As situações previstas nesses parágrafos não se confundem: enquanto, no caso do § 2.º, o recorrente efetuou o preparado de maneira insuficiente, no caso do § 4.º o preparo não foi realizado. Pois bem. Já deixamos firmada, em linhas transatas, a nossa opinião quanto a serem inaplicáveis esses parágrafos ao processo do trabalho, no que se refere ao *depósito recursal*; quanto às *custas*, repetimos: o máximo de concessão que se poderia fazer, nos domínios do processo do trabalho, ao recorrente que se manifestou descuidado ao interpor recurso, seria, exclusivamente, quanto às custas processuais, por forma a permitir-lhe: a) complementá-las (CPC, art. 1.007, § 2.º), b) ou pagá-las, em dobro (*ibidem*, § 4.º), desde que quaisquer desses atos deferidos fosse realizado pela parte *dentro do prazo para a interposição de recurso* (CLT, art. 789, § 1.º, *in fine*).

Seja como for, o que de certo se tem é que a redação da OJ n. 140, da SBDI-I, d TST, foi reformulada, passando a ser esta: "Depósito recursal e custas processuais. Recolhimento insuficiente. Deserção. (nova redação em decorrência do CPC de 2015) - Res. 217/2017 - DEJT divulgado em 20, 24 e 25.04.2017. Em caso de recolhimento insuficiente das custas processuais ou do depósito recursal, somente haverá deserção do recurso se, concedido o prazo de 5 (cinco) dias previsto no § 2º do art. 1.007 do CPC de 2015, o recorrente não complementar e comprovar o valor devido".

Os honorários periciais, por sua vez, são espécie integrante do gênero despesas processuais. O seu não pagamento, entretanto, não conduz à deserção do apelo que vier a ser interposto, justamente porque não são custas nem emolumentos, podendo o perito exigi-los de modo autônomo, embora no mesmo processo. Entendemos haver competência da Justiça do Trabalho para tanto, máxime após a Emenda Constitucional n. 45/2004.

Vejamos, agora, algumas das Orientações Jurisprudenciais da SBDIs, do TST, que versam sobre o tema de custas:

a) SBDI-1, Súmula n. 33: "Deserção. Custas. Carimbo do banco. Validade. O carimbo do banco recebedor na guia de comprovação do recolhimento das custas supre a ausência de autenticação mecânica; Súmula n. 158: "Custas. Comprovação de recolhimento. DARF eletrônico. Validade. O denominado 'DARF eletrônico' é válido para comprovar o recolhimento de custas por entidades da administração pública federal, emitido conforme a IN SRF 162, de 4.11.88;

b) SBDI-2: Súmula n. 148: "Custas. Mandado de segurança. Recurso ordinário. Exigência de pagamento. É responsabilidade da parte, para interpor recurso ordinário em mandado de segurança, a comprovação do recolhimento das custas processuais no prazo recursal, sob pena de deserção".

Até esta parte, falamos dos pressupostos *gerais* para a admissibilidade de recursos no sistema do processo do trabalho.

Vejamos, agora, os pressupostos *específicos*. Sobre estes discorreremos de maneira mais objetiva, pois deles voltaremos a cuidar quando nos dedicarmos à exposição dos recursos em espécie, nos próximos Cadernos.

1.5.8. Delimitação de matérias e valores

Trata-se de um pressuposto objetivo, característico, em tema de recurso, do agravo de petição (CLT, art. 897, § 1.º). A mesma exigência é formulada, antes, pelo § 2.º do art. 879 da CLT, no tocante à manifestação das partes sobre os cálculos do contador. Anteriormente à Lei n. 8.432/92, o devedor oferecia embargos à execução, impugnando, de modo geral, as matérias e os valores constantes da "sentença" de liquidação. Mais tarde, se não obtivesse êxito nesse mister, interpunha agravo de petição, no qual impugnava, também de forma generalizada, a sentença resolutiva dos embargos à execução. A consequência disso é que todo o processo de execução ficava suspenso, em decorrência dessa impugnação generalizada. Visando a dar cobro a esse estado de coisas, a Lei n. 8.432/92 alterou a redação do § 1.º do art. 897, da CLT, passando a exigir que o devedor, na oportunidade da interposição do agravo de petição, delimite, de maneira fundamentada, as matérias e os valores contra os quais se insurge, sob pena de o seu recurso não ser admitido. A norma legal teve, portanto, um escopo essencialmente prático (e pragmático): fazer com que o devedor especifique aquilo (matérias e valores) que reconhece ser devido, de tal maneira que, em face disso, se possa promover a execução imediata e definitiva desses valores, mediante carta de sentença. Essa carta é necessária, porque os autos principais serão encaminhados ao tribunal, para apreciação do agravo de petição concernente às matérias e valores não reconhecidos como devidos pelo executado. Por motivos óbvios, esse pressuposto só é exigível, em princípio, ao devedor, pois foi em atenção aos interesses do credor que se impôs àquele a delimitação de matérias e valores. Note-se que não é bastante que o devedor especifique as matérias *ou* os valores dos quais discorda: é imperativo que ele indique essas matérias *e* respectivos valores.

1.5.9. Prequestionamento

O requisito do prequestionamento surgiu no direito norte-americano, por meio do *Judiciary Act*, de 24 de setembro de 1789. Esse *Act*, adaptando o *writ of error* do direito inglês às singularidades da organização da Colônia, permitiu recurso para a Suprema Corte. No Brasil, a primeira referência ao prequestionamento foi feita pelo Decreto n. 510, de 22.6.1890, do Governo Provisório.

Este pressuposto objetivo é exigido em relação aos recursos de *natureza extraordinária*, como os de revista, de embargos e do próprio recurso extraordinário – para cogitarmos, apenas, dos admissíveis no processo do trabalho. Exclui-se, portanto, o recurso ordinário. O prequestionamento significa que se o órgão *a quo* não se houver pronunciado acerca de determinada matéria que será objeto do recurso, à parte interessada cumpre provocar a prévia manifestação desse órgão, vale dizer, ela deve *prequestionar* o tema, sob pena de preclusão. O meio pelo qual a parte prequestionará o órgão *a quo* são os embargos de declaração (TST, Súmula n. 297, I e II). Se, oferecidos estes embargos, o órgão *a quo*, mesmo assim, deixar de manifestar-se acerca do tema, considera-se atendido o requisito do prequestionamento (TST, Súmula n. 297, III). A Súmula n. 298, também do TST, dispõe sobre o prequestionamento em sede de ação rescisória – que recurso não é. A Súmula n. 282, do STF, por sua vez, estabelece ser inadmissível o recurso extraordinário "quando não ventilada, na decisão recorrida, a questão federal suscitada". A Súmula n. 356, do mesmo Tribunal, dispõe sobre o uso dos embargos declaratórios para prequestionar o ponto omisso, com vistas à interposição de recurso extraordinário. Esta Súmula do Excelso Pretório tem, pois, a mesma finalidade da Súmula n. 297, do TST.

As OJs ns. 62, 118, 119, 151 e 256, da SBDI-1, do TST, também contêm disposições sobre o prequestionamento.

1.5.10. Falta de impugnação dos fundamentos da decisão

O CPC de 2015 dispõe no art. 932, III, incumbir ao relator "não conhecer de recurso inadmissível, prejudicado *ou que não tenha impugnado especificamente os fundamentos da decisão recorrida*" (destacamos). Em razão disso, o TST reformulou a redação da Súmula n. 422, que passou a ser a seguinte: "Recurso. Fundamento ausente ou deficiente. Não conhecimento (redação alterada, com inserção dos itens I, II e III) - Res. 199/2015, DEJT divulgado em 24, 25 e 26.06.2015. Com errata publicado no DEJT divulgado em 01.07.2015. I – Não se conhece de recurso para o Tribunal Superior do Trabalho se as razões do recorrente não impugnam os fundamentos da decisão recorrida, nos termos em que proferida (destacamos); II – O entendimento referido no item anterior não se aplica em relação à motivação secundária e impertinente, consubstanciada em despacho de admissibilidade de recurso ou em decisão monocrática. III – Inaplicável a exigência do item I relativamente ao recurso ordinário da competência de Tribunal Regional do Trabalho, exceto em caso de recurso cuja motivação é inteiramente dissociada dos fundamentos da sentença".

O art. 932, II, do CPC, e o item I, da Súmula n. 422, do TST, tratam de um novo pressuposto objetivo para a admissibilidade de recursos, qual seja, a necessidade de haver impugnação aos fundamentos da decisão atacada. Isso significa dizer que não se admitirá recurso em que o recorrente se limita a repetir os argumentos utilizados na interposição do apelo, ignorando, assim, os fundamentos da decisão contra a qual se rebela. A diferença entre uma disposição e outra está em que a norma do CPC é aplicável aos recursos em geral, ao passo que a Súmula limita a incidência dessa norma aos recursos interponíveis ao TST – como evidencia, aliás, o item III, da própria Súmula.

No sistema do CPC de 1973, o juízo *a quo* deveria: a) não admitir a *apelação*, quando a sentença estivesse em conformidade com Súmula do Superior Tribunal de Justiça ou do Supremo Tribunal Federal (art. 518, § 1.º); b) não admitir *qualquer recurso* que estivesse em confronto com Súmula ou com jurisprudência dominante do respectivo tribunal, do Supremo Tribunal Federal, ou de Tribunal Superior". Tratava-se, em ambos os casos, de um pressuposto objetivo, *negativo*, de admissibilidade de recurso.

O CPC de 2015 impôs disciplina diversa à matéria. Por força do estabelecido no art. 932, caberá ao relator: a) IV – negar provimento a recurso que for contrário a: a) súmula do Supremo Tribunal Federal, do Superior Tribunal de Justiça ou do próprio tribunal; b) acórdão proferido pelo Supremo Tribunal Federal ou pelo Superior Tribunal de Justiça em julgamento de recursos repetitivos; c) entendimento firmado em incidente de resolução de demandas repetitivas ou de assunção de competência; b) V – depois de facultada a apresentação de contrarrazões, dar provimento ao recurso se a decisão recorrida for contrária a: a) súmula do Supremo Tribunal Federal, do Superior Tribunal de Justiça ou do próprio tribunal; b) acórdão proferido pelo Supremo Tribunal Federal ou pelo Superior Tribunal de Justiça em julgamento de recursos repetitivos; c) entendimento firmado em incidente de resolução de demandas repetitivas ou de assunção de competência.

1.5.11. Transcendência

É um pressuposto objetivo próprio do recurso de revista. Consta do art. 896-A, da CLT: "O Tribunal Superior do Trabalho, no recurso de revista, examinará previamente se a causa oferece transcendência com relação aos reflexos gerais de natureza econômica, política, social ou jurídica". Este requisito foi instituído com o objetivo indisfarçável de reduzir o número de recursos de revista a serem apreciados pelo TST.

O art. 896-A, da CLT, foi introduzido pela Medida Provisória n. 2.226, de 4.9.2001. Essa Medida dispôs, no seu art. 2.º, que o Tribunal Superior do Trabalho deveria regulamentar, em seu Regimento Interno, "o processamento da transcendência do recurso de revista, assegurada a apreciação da transcendência em sessão pública, com direito a sustentação oral e fundamentação da decisão". Entrementes, o procedimento concernente ao requisito da transcendência acabou sendo estabelecido pela Lei n. 13.467/2017, que inseriu os §§ 1.º a 6.º, no art. 896-A, da CLT.

1.5.12. Repercussão geral

O requisito da repercussão geral foi introduzido pela Emenda Constitucional n. 45/2004, que acrescentou o § 3.º ao art. 102, da CF: "No recurso extraordinário o recorrente deverá demonstrar a repercussão geral das questões constitucionais discutidas no caso, nos termos da lei, a fim de que o Tribunal examine a admissão do recurso, somente podendo recusá-lo pela manifestação de dois terços dos seus membros".

O que o constituinte pretendeu com essa alteração foi impedir que causas de interesse particular de uma ou de poucas pessoas chegassem ao STF em grau de recurso extraordinário. Por isso, exigiu que a questão submetida ao Excelso Pretório tivesse repercussão geral, ou seja, dissesse respeito a todos os habitantes do país, a uma comunidade, a uma classe, a uma categoria; enfim, a um número expressivo de pessoas. O art. 1.035, do CPC, detalha o procedimento judicial a ser observado para efeito de atender-se a esse pressuposto objetivo para a admissibilidade do recurso extraordinário.

A despeito de virmos a dedicar considerações mais aprofundadas acerca do requisito da repercussão geral quando nos ocuparmos do estudo do recurso extraordinário (Caderno n. 26) devemos, para já, dizer que essa repercussão é de natureza econômica, política, social ou jurídica – que exceda os limites dos interesses meramente individuais (subjetivos) da causa (CPC, art. 1.035, § 1.º), devendo constituir capítulo específico do recurso (idem, *ibidem*, § 2.º), sob pena de este não ser admitido.

Capítulo XIX

JUÍZO DE ADMISSIBILIDADE

Todos os pressupostos recursais – subjetivos e objetivos – submetem-se ao crivo do juízo de admissibilidade do recurso. Na verdade, há dois juízos dessa natureza: o *a quo*, emissor da decisão impugnada, e o *ad quem*, que é o competente para apreciar o apelo interposto.

A função do juízo de admissibilidade (tanto *a quo* quanto *ad quem*) exaure-se na simples verificação da presença, ou não, dos pressupostos do recurso, sejam intrínsecos (subjetivos) ou extrínsecos (objetivos). Daí, a natureza meramente declaratória da decisão exarada por esse juízo, que, por isso, não pode expender um pronunciamento envolvendo o mérito da pretensão recursal. O juízo de primeiro grau não poderia, p. ex., denegar a interposição de recurso ordinário, realizada pelo revel, sob o argumento de que o recorrente não estaria buscando elidir a revelia, mas, sim, impugnar o conteúdo da sentença condenatória; fazê-lo, seria invadir, desautorizadamente, a matéria de mérito, cuja apreciação é reservada ao *ad quem*. Não se deve confundir, aliás, o juízo de *admissibilidade* com o juízo de *mérito:* aquele pode ser exercido tanto pelo órgão *a quo*, quanto pelo *ad quem;* este, contudo, *por princípio*, é de competência exclusiva *do ad quem*, uma vez que implica uma prospecção da matéria de mérito.

O juízo de mérito, em geral, é realizado pelo órgão colegiado, de que o relator participa. Em determinados casos, porém, a lei permite ao próprio relator efetuar esse juízo, como se dá, por exemplo, na situação prevista no art. 932, III, do CPC. Acerca do tema, escreveu Barbosa Moreira: "Chama-se juízo de admissibilidade àquele em que se declara a presença ou ausência de semelhantes requisitos (requisitos indispensáveis à legitimidade do recurso); juízo de mérito àquele em que se apura a existência ou inexistência de fundamento para o que se postula, tirando-se daí as consequências cabíveis, isto é, acolhendo-se ou rejeitando-se a postulação. No primeiro, julga-se admissível ou inadmissível; no segundo, procedente ou improcedente" ("Comentários ao Código de Processo Civil", vol. V, 6.ª ed., Forense, Rio, 1993, p. 231/232). Um pequeno reparo à afirmação do eminente jurista carioca: conquanto os vocábulos "procedente" e "improcedente" tenham caído no gosto da doutrina e da jurisprudência (e do próprio legislador, em alguns casos), sempre que se referem ao *resultado* do julgamento, esse uso consagrado não elimina a impropriedade da utilização desses vocábulos, para tal fim. Realmente, sob o rigor da lógica, tudo *procede*, se considerarmos que o verbo *proceder* significar: vir, provir de algum lugar. Assim, expressões correntias como: "julgar a ação procedente" (ou "improcedente") são inadequadas à terminologia jurídica, até porque não conseguem explicar como se pode considerar uma *ação* (direito subjetivo público de provocar o exercício da atividade jurisdicional do Estado) "improcedente", se se chegou a examinar o mérito. Expressões outras, como: "julgar o pedido procedente" (ou "improcedente"), embora tenham o mérito de contornar o problema que a "improcedência da ação" sói acarretar, também não se justificam, pois todo pedido *procede* (ou seja, vem de algum lugar, tem procedência). Sob o rigor da técnica e da terminologia jurídicas, um pedido é *acolhido* ou *rejeitado* (CPC, art. 490), devendo, portanto, ser anatematizado o uso de expressões outras, como: "procedência" e "improcedência".

Por uma questão lógica, o primeiro juízo de admissibilidade é sempre o *a quo*; se este admitir o recurso, abre-se o acesso ao *ad quem*, que funcionará como segundo juízo de conhecimento. Se, no entanto, o *a quo* não admitir a apelo, surge para o recorrente a possibilidade de interpor, dessa decisão denegatória, outro recurso, destinado a destravar o que foi obstado pelo juízo de primeiro grau: o agravo de instrumento desde que se trate de decisão monocrática (CLT, art. 897, "*b*"). A existência, no sistema processual trabalhista, do agravo de instrumento, decorre do princípio de que, independentemente de qual seja a espécie de recurso interposto, a sua admissibilidade não deve ser subtraída da apreciação do órgão *ad quem*.

A decisão exarada pelo juízo de admissibilidade *a quo*, todavia, não vincula o *ad quem*, pois falta-lhe eficácia de coisa julgada formal; não tem, por outro modo de dizer, efeito preclusivo. A sua natureza, em certo aspecto, é administrativa. E, também, de cognição incompleta, ou melhor, precária. Em face disso, poderá o órgão *ad quem*, *e.g.*, não admitir recurso que fora admitido pelo *a quo*, como poderá admitir (via agravo de instrumento) recurso que não fora admitido pelo inferior. É que, a par do que já afirmamos, o juízo de admissibilidade *a quo* realiza apenas um exame preliminar dos pressupostos recursais, e essencialmente provisório, com a finalidade de evitar que os apelos desrespeitosos desses requisitos sejam encaminhados ao órgão *ad quem*.

Uma coisa é certa: a decisão proferida pelo juízo *a quo*, e mesmo o pronunciamento do *ad quem*, devem ser explícitas quanto à admissibilidade, ou não, do recurso; censurem-se, por isso, as difundidas decisões ("despachos", diz a lei) que admitem "em termos" (ou mediante expressões congêneres) os recursos; ora, ou se admite ou não se admite um recurso. Se o recorrente comprovou o atendimento a todos os pressupostos, impõe-se a admissibilidade; se não comprovou um só, desde que exigível, a consequência será a declaração de inadmissibilidade. Não há, nesse ato do órgão de admissibilidade, meio-termo, ou "conhecimento com reserva".

De igual modo, a decisão de admissibilidade *a quo* não pode delimitar o campo de conhecimento do recurso, pelo *ad quem*. No caso de recurso de revista ou de embargos, p. ex., o órgão *ad quem* poderá admitir o apelo por fundamento diverso daquele em que foi admitido pelo inferior (este admitiu o recurso por divergência jurisprudencial e aquele, apenas, por violação de letra de lei federal). Eis a razão por que, quando o juízo de admissibilidade *a quo* admite o recurso somente por um dos *fundamentos* apontados pelo recorrente (e não, consequentemente, pelo outro), a decisão é irrecorrível. Não se verifica, na hipótese, qualquer gravame ou prejuízo para o recorrente, porquanto, como observamos, o *ad quem* poderá admitir o recurso por ambos os fundamentos, ou unicamente por aquele que foi recusado pelo juízo *a quo*. Este nosso entendimento de longa data foi adotado pela Instrução Normativa n. 39/2016, do TST, cujo art. 12 contém esta redação: "Aplica-se ao processo do trabalho o parágrafo único do art. 1.034 do CPC. Assim, admitido o recurso de revista por um fundamento, devolve-se ao Tribunal Superior do Trabalho o conhecimento dos demais fundamentos para a solução apenas do capítulo impugnado". Duas nótulas complementares: a) o parágrafo único art. 1.034, do CPC, está assim redigido: "Admitido o recurso extraordinário ou o recurso especial por um fundamento, devolve-se ao tribunal superior o conhecimento dos demais fundamentos para a solução do capítulo impugnado; b) verifica-se, assim, que o art. 12, da Instrução Normativa n. 39/2016, do TST, reproduziu a expressão literal do art. 1.034, do CPC; todavia, tanto num caso como noutro, houve equívoco ao aludir-se ao fato de a matéria ser "devolvida" para o tribunal superior, uma vez que a matéria jamais esteve na competência primitiva do tribunal. O que se passa é que a matéria é *submetida* ao tribunal superior.

Também no caso de recurso extraordinário, a sua interposição por mais de um dos fundamentos mencionados no art. 102, III, da Constituição Federal, fará com que a admissão por apenas um deles não prejudique a admissibilidade por qualquer dos outros. Esse é o entendimento corporificado na Súmula n. 292 do Excelso Pretório.

Ocorrendo de a decisão conter partes autônomas, a admissão parcial, pelo Presidente do órgão *a quo*, do recurso extraordinário que sobre qualquer delas manifestar-se, não limitará a apreciação de todas pelo STF, independentemente de interposição de agravo de instrumento (Súmula n. 528 do STF).

A Súmula n. 285, do TST, se mantinha na mesma linha da jurisprudência do STF: "Recurso de revista. Admissibilidade parcial pelo Juiz-Presidente do Tribunal Regional do Trabalho. Efeito. O fato de o juízo primeiro de admissibilidade do recurso de revista entendê-lo cabível apenas quanto a parte das matérias veiculadas não impede a apreciação integral pela Turma do Tribunal Superior do Trabalho, sendo imprópria a interposição de agravo de instrumento".

Essa Súmula, entretanto, foi cancelada a partir de 15 de abril de 2016 pela Resolução n. 204/2016 (DEJT de 17, 18 e 21.3.2016), em decorrência do disposto no § 1.º, da Instrução Normativa do TST n. 40/2016, assim redigido: "Admitido apenas parcialmente o recurso de revista, constitui ônus da parte impugnar, mediante agravo de instrumento, o capítulo denegatório da decisão, sob pena de preclusão".

Não se pode negar que houve radical alteração na jurisprudência do TST sobre o tema. O que cabe questionar é se o TST poderia editar Instrução, com eficácia, *normativa,* sem que isso implique transgressão ao art. 22, inciso I, da Constituição Federal, que atribui à União a competência *exclusiva* para legislar sobre *direito processual.* Estamos serenamente convencidos, há muitos anos, de que a transgressão ao texto constitucional referido é manifesta. A propósito, até o momento em que escrevíamos este Caderno o STF não havia se pronunciando sobre a inconstitucionalidade, ou não, de outra Instrução Normativa do TST – esta, de n. 39 –, objeto da ADI n. 5516.

De outro lado, estabelece a Súmula n. 457 do STF que "O Tribunal Superior do Trabalho, conhecendo da revista, julgará a causa aplicando o direito à espécie".

O órgão *ad quem,* ao admitir o recurso, abre a via de acesso ao exame do mérito. Lembra José Barbosa Moreira ("O Novo Processo Civil Brasileiro", vol. I, Rio: Edit. Forense, 1980, p. 180) que pode acontecer, por defeito de técnica, que o órgão *ad quem,* ao proferir a decisão, diga não haver admitido e um recurso por entender infundada a impugnação, embora todos os pressupostos de admissibilidade tenham sido atendidos. De acordo com o ilustre jurista, a correção desse equívoco far-se-á por meio de interpretação: "a decisão do órgão *ad quem,* erroneamente rotulada como de não-conhecimento, deve ser interpretada como de não-provimento, e assim tratada para todos os efeitos práticos". Na verdade, dispensa-se o oferecimento de embargos declaratórios, para corrigir o equívoco.

Na terminologia processual, admitir um recurso significa que estavam presentes todos os pressupostos subjetivos e objetivos que lhe são inerentes; dar-lhe (ou negar-lhe) provimento é coisa diversa e revela o ingresso, pelo órgão *ad quem,* no exame da matéria de mérito. Daí, o significado específico das expressões "juízo de admissibilidade" e "juízo de mérito", de que falamos há pouco. A propósito, embora se encontrem consagradas as expressões "conhecer do recurso", "não conhecer do recurso", estas revelam certa impropriedade, se examinadas sob o rigor terminológico. Assim dizemos, porque, sendo o juízo de *admissibilidade* (e não de *conhecimento*), o correto seria dizer-se: "admito o recurso", "não admito o recurso" etc.

Se o juízo *ad quem,* aliás, dá ou nega provimento ao recurso, sem se pronunciar, expressamente, se, antes, o admitia, isso deve ser entendido como uma admissibilidade *implícita,* embora, dela, não fale a lei; mas também não a proíbe.

Ao contrário do que vinha sustentando boa parcela da doutrina, sempre fomos de opinião que a decisão emitida pelo juízo de admissibilidade *a quo* poderia ser *reconsiderada,* de ofício ou mediante requerimento da parte, tivesse o recurso sido admitido, ou não. Nosso ponto de vista levava em conta, principalmente, a simplicidade do procedimento trabalhista. Posteriormente a essas nossas considerações, a possibilidade de o próprio juiz *a quo* proceder ao reexame dos pressupostos de admissibilidade dos recursos (ordinário, em particular) foi prevista pela Lei n. 8.950, de 13 de dezembro de 1994, que introduziu, no art. 518 do CPC de 1973, o parágrafo único, assim redigido: "Apresentada a resposta, é facultado ao juiz o *reexame* dos pressupostos de admissibilidade do recurso" (destacamos). Com base nesse preceptivo legal, passamos a entender que, no processo do trabalho, o juiz poderia reconsiderar a sua decisão, para não admitir recurso antes admitido, mesmo: a) antes do oferecimento das contrarrazões; b) que as contrarrazões deixassem de ser apresentadas. Nosso entendimento se fundava nos fatos de que: 1) a decisão que admite o recurso não produz coisa julgada (formal); 2) o reexame dos pressupostos de admissibilidade pode ser efetuado *ex officio*, no processo do trabalho, por força da regra inscrita no art. 765, da CLT, sendo, por isso, desnecessária a observância ao requisito do art. 518, § 1.º do CPC (apresentação de resposta ao recurso).

O CPC de 2015 não reproduziu a regra. Esse fato, para nós, é irrelevante, pois sempre sustentamos a possibilidade de, no processo do trabalho, o juízo *a quo* reconsiderar – inclusive de ofício – a sua decisão em tema de exame dos pressupostos de admissibilidade de recursos.

Se, a princípio, o órgão *a quo*, em decisão monocrática, o havia admitido e agora o denegou, poderá a parte prejudicada interpor agravo de instrumento desta última decisão; se, contudo, o juízo *a quo* havia denegado o recurso para, depois, reconsiderando, admiti-lo, é certo que a parte adversa à recorrente não poderá agravar dessa nova decisão (o agravo de instrumento, no sistema do processo do trabalho, tem finalidade exclusivamente *liberatória* de recurso obstado) cabendo-lhe, entretanto, ao ensejo das contrarrazões, ou mesmo da tribuna, em sustentação oral, argumentar com o fato e requerer que o órgão *ad quem* não admita o apelo. Sempre entendemos estar inserida no elenco das faculdades do juiz do trabalho (CLT, art. 765) a de rever a sua decisão, denegatória do recurso, para admitir o apelo.

Esclareça-se, no entanto, que eventual requerimento da parte, formulado para que o juízo *a quo* reconsidere a decisão denegatória do seu recurso, não suspende o prazo para a interposição do agravo de instrumento.

Se, por outro lado, o litigante que teve o seu apelo não admitido ingressar, ao mesmo tempo, com um pedido de reconsideração da decisão e com agravo de instrumento, o acolhimento daquele tornará prejudicado o processamento deste.

Como estivemos a falar de terminologia processual, é oportuno efetuarmos um reparo de ordem técnica no tocante à conceituação do ato pelo qual o juízo monocrático não admite recurso. Tem-se dito (e o próprio legislador assim o faz) que esse ato traduz *despacho*. Nós mesmos, no passado, fizemos uso desse vocábulo, por um respeito à tradição. Entretanto, não somos como aquela personagem de Graciliano Ramos, em "Vidas Secas", que não se atrevia a mudar a tradição, embora sofresse com ela. Realmente, seja sob o ponto de vista doutrinário, seja do eminentemente técnico, não podemos chamar de despacho o ato pelo qual o juízo unipessoal admite ou denega recurso. Com efeito, esse ato não se destina à mera impulsão processual, como se dá com os despachos de expediente ou meramente ordinatórios, senão que contém uma considerável "carga" decisória, que os desassemelha daqueles. Cuida-se, assim, quando menos, de um despacho-decisório (espécie à qual a inteligência doutrinária não tem dedicado maiores atenções) ou de típica decisão simples. O art. 897, letra "b", da CLT, por exemplo, admite a interposição de agravo de instrumentos de "despachos" que deneguem recursos. Ora, se de despacho efetivamente, fosse o caso, deveríamos convir que o legislador estaria em contradição consigo mesmo, pois se sabe que dos despachos de mero expediente não cabe recurso. O CPC possui regra específica quanto a isso (art. 1.001). Nem se diga que a CLT, por não possuir norma semelhante, admitiria a interposição de recurso de meros despachos; ora, o art. 893, § 1.º, deste texto legal, não permite a interposição de recurso, nem mesmo, de decisões interlocutórias (que são o mais), motivo por que seria ilógico e aberrante dos princípios que o admitisse dos simples despachos (que são os menos). Resumindo: o ato pelo qual o juízo monocrático não admite recurso não é despacho e sim *decisão* (ou, quando menos, despacho-decisório). Tanto é certa essa afirmação, que a própria CLT, que veda a interposição de recurso das decisões interlocutórias, admite a impugnação, por esse meio, do "despacho" que denega recurso (art. 897, alínea "b").

Quando é um tribunal que não admite o recurso, ele o faz, em princípio, por meio de acórdão. Assim, se, por exemplo, o recurso não foi admitido por um Tribunal Regional, desse acórdão caberá recurso de revista, para o TST. Não seria cabível, no caso, agravo de instrumento, porque este recurso é interponível, apenas, de decisões monocráticas.

É de extrema importância chamar a atenção ao fato de que a decisão denegatória de qualquer recurso deverá ser sempre fundamentada, sob pena de nulidade, por força de exigência contida no art. 93, inciso IX, da Constituição Federal.

Capítulo XX

RECURSO PELAS PESSOAS JURÍDICAS DE DIREITO PÚBLICO

O vocábulo *pessoa* é originário do latim *persona*, que era usado na linguagem teatral da antiguidade grega. Como, nos anfiteatros, os espectadores ficavam um tanto distantes do palco, os atores utilizavam máscaras dotadas de dispositivos acústicos com a finalidade de darem eco às suas palavras e de tornarem-nas melhor audíveis. *Personare* queria dizer, pois, "ecoar, fazer ressoar" (Washington de Barros Monteiro, "Curso de Direito Civil", vol. 1, São Paulo, Edit. Saraiva, 1967, p. 58). Evoluindo, a palavra passou a ser empregada para significar o próprio papel desempenhado pelo ator, acabando, mais tarde, por exprimir a atuação de cada indivíduo no cenário jurídico (idem, *ibidem*). É precisamente no plano jurídico que nos interessa a acepção desse vocábulo, em seu conteúdo doutrinário e legal. Aqui, ele biparte-se em conceitos distintos: pessoa física (ou natural) e jurídica (ou coletiva).

Entende-se como a primeira todo ser humano que é capaz de adquirir direitos e de contrair obrigações na ordem civil (CC, art. 1.º); como a segunda, as associações ou entidades que se constituem para a consecução de determinados objetivos, econômicos ou não, sendo reconhecidas como sujeitos de direito.

As pessoas jurídicas dividem-se em duas classes fundamentais: a) de direito público (interno e externo); e b) de direito privado. Dentre as de direito público interno incluem-se: 1) a União; 2) cada um dos Estados-membros; 3) o Distrito Federal; 4) os Territórios; 5) os Municípios (desde que legalmente constituídos; 6) as autarquias (como tais consideradas pelo Dec.-lei n. 6.016, de 22.11.1943 e conceituadas pelo Dec.-lei n. 200, de 25.2.1967, com a redação que lhe deu o Dec.-lei n. 900, de 29.9.1969); 7) as demais entidades de caráter público criadas por lei (CC, art. 41, incisos I a V). Como de direito público externo temos, entre outras: 1) os Estados estrangeiros; 2) a Santa Sé; 3) a ONU, enfim, todas as pessoas que forem regidas pelo direito internacional público (Código Civil, art. 42).

Conforme pudemos demonstrar, por mais de uma vez, nesta obra, o Decreto-lei n. 779, de 21 de agosto de 1969, instituiu algumas prerrogativas para a União, os Estados-membros, o Distrito Federal, os Municípios, as autarquias e as fundações de direito público (*sic*), no que respeita à aplicação a essas pessoas jurídicas de normas processuais trabalhistas. Pelas razões já expostas, não usufruem dessas prerrogativas as empresas públicas (uma vez que o Dec.-lei n. 779/69 não as contemplou), as sociedades de economia mista (que são de direito privado) e as fundações, que, a despeito de terem sido mencionadas pelo citado Decreto-lei, são também pessoas jurídicas de direito privado (CC, art. 44, III).

No elenco de prerrogativas concedidas pela norma legal indigitada, as que se relacionam com a matéria de nosso interesse são: a) o prazo em dobro para recorrer; b) a dispensa de depósito para efeito de interposição de recurso; e c) o pagamento de custas somente após o trânsito em julgado da sentença ou do acórdão, salvo quanto à União, que não as pagará.

Prevê o Decreto-lei n. 779/69, ainda, o denominado recurso *ex officio* (*sic*) das decisões que sejam desfavoráveis, no todo ou em parte, às pessoas jurídicas nele previstas. De igual forma, já pudemos nos manifestar anteriormente a respeito da impropriedade da expressão *recurso ex officio*, porquanto que se trata, na verdade, de *remessa de ofício*, a que está obrigado o juízo prolator de sentença condenatória daquelas pessoas. Seria aberrante supor que o juiz devesse impugnar a decisão por ele mesmo produzida. Esse reexame da matéria, por um órgão superior da jurisdição, é obrigatório, pois só depois disso é que, se for o caso, se formará a coisa julgada. O CPC contém norma da mesma natureza, na qual, de modo mais didático, explicita que a sentença proferida contra a União, o Estado, o Distrito Federal, o Município e as respectivas autarquias e fundações de direito público está sujeita ao duplo grau de jurisdição, não produzindo efeito senão depois de confirmada pelo tribunal (art. 475, I). Não é inútil destacar que a remessa *ex officio* apenas será exigível quando tratar-se de sentença *condenatória* das pessoas jurídicas indicadas pelo Decreto-lei n. 779/69; segue-se, que essa remessa é perfeitamente dispensável (por falta de previsão legal e de fundamento lógico) quando for o caso de sentença que tenha rejeitado integralmente os pedidos formulados pelo autor, em ação na qual tais pessoas figuravam como rés. Em resumo: prescinde-se da remessa quando elas forem *vencedoras*.

Éramos de opinião de que se a pessoa jurídica de direito público deixasse de adimplir obrigação derivante de transação realizada, na qual se estabelecera *cláusula penal* (CLT, art. 847, § 2.º, CC, arts. 408/416), o juiz, uma vez determinada a consequente execução, deveria ordenar a remessa dos autos ao tribunal, para os efeitos do Decreto-lei n. 779/69, pois a aplicação daquela pena pecuniária acarretou gravame à ré-executada. Embora reputássemos injustificáveis as prerrogativas processuais que a norma legal atribui à Fazenda Pública, não víamos como se poderia, *de lege lata*, fazer incidir, na hipótese, a *cláusula penal* sem reexame, pelo tribunal, desse ato do juízo da execução. O mesmo dizíamos quanto às custas e aos emolumentos.

Refletindo melhor sobre o assunto, reformulamos a nossa opinião, pois as prerrogativas que o Decreto-lei n. 779/69 concede às pessoas jurídicas nele mencionadas somente existem no processo de *conhecimento*, e não no *de execução*, como é o caso em exame. Basta ver que a sobredita norma legal faz alusão ao *recurso ordinário* (art. 1.º, V), conquanto se cuide, aí, de remessa obrigatória.

Se o juízo de proferimento da decisão condenatória deixar de determinar a remessa *ex officio* dos autos ao órgão *ad quem*, quando esta seja obrigatória, cumprirá ao Presidente do Tribunal a quem competia julgar o recurso avocá-los (CPC, art. 496, § 1.º).

Uma nótula importante: a remessa deverá ser realizada, mesmo que a parte deixe de interpor o recurso cabível, como elucida o art. 496, § 1.º, do CPC. Entendemos, porém, que não deverá ser declarada nula a sentença condenatória de qualquer das pessoas jurídicas mencionadas no Decreto-lei n. 779/69 sempre que, embora se tenha deixado de efetuar a remessa *ex officio*, para o reexame necessário, os autos chegarem ao tribunal em decorrência de recurso interposto pela parte vencida, no qual impugne *todo* o conteúdo da decisão condenatória. É que o problema se resolve, na hipótese, pela atuação do princípio de instrumentalidade dos atos do procedimento, consagrado pelos arts. 188 e 277 do CPC, conforme o qual, ainda que a lei prescreva determinada forma para a validade do ato (ou seja, da sentença), sem a cominação de nulidade, este valerá se, embora praticado de maneira diversa, atingir a mesma finalidade para a qual foi previsto. Caso, eventualmente, o tribunal não admita o recurso interposto (por falta de atendimento aos pressupostos legais), nada obsta a que, por força do mesmo princípio mencionado, admita o apelo como *remessa obrigatória*, para atender ao comando e ao espírito do Decreto-lei n. 779/69. Sugerimos, aliás, a adoção deste procedimento mesmo no caso de o recurso (não admitido) da parte não abranger a totalidade da condenação. É que, neste caso, o tribunal poderá, por força da convolação do recurso para remessa obrigatória, apreciar *a totalidade* do conteúdo do pronunciamento jurisdicional desfavorável à ré.

São pessoas jurídicas de direito privado: 1) as associações; 2) as sociedades; 3) as fundações (Código Civil, art. 44, incisos I a III).

Capítulo XXI

Recurso e Litisconsórcio

Está no art. 1.005, *caput*, do CPC que o recurso interposto por um dos litisconsortes aproveita aos demais, a menos que os seus interesses sejam distintos ou opostos.

Essa norma do processo civil, para ser adequadamente entendida, deve ser articulada com o art. 116 do mesmo Código, que afirma ser *unitário* o litisconsórcio quando, pela natureza da relação jurídica, o juiz tiver de decidir o mérito de modo uniforme para todos os litisconsortes.

Antes, contudo, devemos dizer que a doutrina não tem poupado críticas à sistematização do litisconsórcio adotada pelo atual CPC. Essas críticas, das quais compartilhamos, são inteiramente justas, pois o legislador processual civil, abandonando a fórmula consagrada pelo Código de 1939, resolveu vincular a constituição do litisconsórcio *unitário* à uniformidade do provimento jurisdicional correspondente. Basta consultar a expressão legal: *o juiz tiver de decidir o mérito de modo uniforme para todos os litisconsortes* para constatar-se a veracidade dessa afirmação. Ora, parece-nos equivocado o critério legal adotado pelo CPC em vigor, porquanto nem sempre a decisão homogênea do mérito, em relação aos litisconsortes, acarreta a formação de um litisconsórcio *unitário*. Digamos, *e.g.*, que alguns empregados aforem uma ação tendente a obter uma declaração judicial de nulidade de ato do empregador, que implicou a supressão do pagamento de certa gratificação que lhes vinha sendo concedida há vários anos. Em que pese ao fato de a decisão dever ser uniforme, pois não se poderia considerar, ao mesmo tempo, nulo e não nulo o ato, é certo que a formação do litisconsórcio, na espécie, seria tipicamente *facultativa*, diante da inexistência de norma legal que obrigue tais empregados a ingressarem em juízo conjuntamente, isto é, em uma só ação. De outro ângulo, também poderia acontecer que, embora houvesse necessidade de constituição de um litisconsórcio necessário, a solução da causa não fosse uniforme para todos os litigantes. Admitamos que um empregado tenha pretendido, em juízo, o reconhecimento da existência de relação de emprego com todas as empresas integrantes do mesmo grupo econômico. Torna-se evidente que todas elas deveriam ser citadas para a ação (CPC, art. 114), uma vez que se trata de litisconsórcio necessário (do ponto de vista de sua formação); nada obstante, a decisão que viesse a ser proferida não precisaria ser unívoca em relação a *cada* litisconsorte passivo, porquanto se poderia declarar existente o vínculo de emprego apenas com uma dessas empresas excluindo-se, como é óbvio, as demais – conforme tenha sido a prova realizada nos autos e o convencimento do órgão judicante a respeito dos fatos da causa, observada a Súmula n. 129, do TST.

Voltemos ao tema central deste item, para expressar a nossa opinião de que o art. 1.005, do CPC apenas incide quando se tratar de litisconsórcio *unitário* – e não *facultativo* como o texto faz supor. Sucede que a extensão subjetiva dos efeitos do recurso interposto, relativamente àqueles litisconsortes que não o interpuserem, apresenta como razão teleológica a necessidade de solução uniforme (unitariedade) para a lide, evitando, com isso, que a matéria versada na ação venha a ser disciplinada de maneira desigual. Na mesma linha de raciocínio, portanto, se for o caso de litisconsórcio simples ou facultativo o recurso interposto por um dos compartes *não aproveita* aos demais, omissos.

No plano do processo do trabalho, é amplamente conhecida a disposição do art. 842, da CLT, de que "sendo várias as reclamações e havendo identidade de matéria, poderão ser acumuladas num só processo, se se tratar de empregados da mesma empresa ou estabelecimento". Estaria aí configurado o litisconsórcio, de que tanto fala o processo civil? Em caso de resposta afirmativa, de que espécie o seria?

Imperfeições técnicas do texto à parte, entendemos que o art. 842 da CLT espelha um litisconsórcio: a) ativo; b) facultativo; c) irrecusável; e d) simples. Justifiquemo-nos.

Trata-se de *litisconsórcio,* porque os autores estão litigando em conjunto, isto é, agrupados em um dos polos da relação jurídica processual. Embora a referida norma legal refira-se a *reclamações,* sabe-se que estas correspondem, na linguagem clássica – e mais apropriada –, às *ações* do processo civil. De outro lado, a *identidade de matéria,* indicada no texto como pressuposto para a formação do regime litisconsorcial, deve ser entendida como relacionada à causa de pedir e/ou ao pedido. Em rigor, se fôssemos nos deixar influenciar, qual leguleios, pela literalidade equívoca daquele preceito, seríamos forçados a admitir que sempre seria possível a formação do litisconsórcio, ainda que totalmente heterogêneos a causa de pedir e os pedidos, pois a *matéria* submetida à cognição da justiça especializada apresenta-se, no geral, idêntica: é de natureza trabalhista.

a) *Ativo,* porque os empregados estão litisconsorciados na qualidade de autores, de sujeitos ativos na relação jurídica processual;

b) *facultativo,* se considerarmos que a sua constituição não se dá por força de lei, mas, sim, em decorrência da *vontade* dos autores;

c) *irrecusável,* na medida em que, se respeitados fielmente os pressupostos de constituição (identidade de causa de pedir e/ou de pedidos), o litisconsórcio não pode ser recusado pela(s) parte(s) contrária(s);

d) *simples,* porquanto a decisão não precisa ser uniforme para os vários litisconsortes; se assim fosse, estaríamos diante do litisconsórcio unitário.

A prospecção técnica do conteúdo do art. 842 da CLT foi necessária para podermos justificar a assertiva de que a hipótese por ele prevista não se rege, em matéria recursal, pelo art. 1.005, do CPC. Importa dizer: não tipificando, o art. 842 da CLT, caso de litisconsórcio unitário (nem sequer necessário), mas, sim, da espécie *facultativo-simples*, o recurso que vier a ser interposto por um dos litisconsortes ativos não aproveita aos demais, que tiverem deixado de exercer essa pretensão, no prazo e na forma legais. Há, todavia, uma ressalva, inserida na parte final do art. 1.005, do CPC: sendo os réus solidariamente responsáveis pelo adimplemento da obrigação contida na sentença condenatória, o recurso interposto por um deles aproveitará os demais compartes, desde que as defesas opostas ao credor lhes foram comuns. Destarte, a identidade do conteúdo das defesas justifica o fato de o recurso interposto por um deles beneficiar os demais. Se, ao contrário, as matérias contidas nas defesas forem diversas, o recurso interposto por um dos litisconsortes não aproveitará os demais – razão por que os litisconsortes que deixarem de recorrer sofrerão as consequências da coisa julgada material que vier a ser constituída.

Capítulo XXII

RECURSO INTERPOSTO POR TERCEIRO

No processo do trabalho, têm legitimidade para recorrer, em princípio, as partes. Em alguns casos, como nas ações coletivas, o próprio Presidente do Tribunal poderá interpor recurso (CLT, art. 898). O Ministério Público, por força do disposto no art. 83, VI, da Lei Complementar n. 75, de 20.5.1993, possui legitimidade para recorrer nos processos em que for parte ou em que atuar como fiscal da lei. O art. 499, § 2.º, do CPC, também reconhece legitimidade ao Ministério Público para recorrer, mesmo nos casos em que atuar na qualidade de fiscal da lei.

Interessa-nos, porém, neste momento, a legitimidade do *terceiro*, para recorrer.

Terceiro, por definição, é todo aquele que é estranho à relação jurídica processual. Sob outro prisma, poderíamos dizer que, processualmente, todo aquele que não é parte é terceiro.

Estabelece o parágrafo único do art. 996, do CPC que incumbe ao terceiro demonstrar "a possibilidade de a decisão sobre a relação jurídica submetida à apreciação judicial atingir direito de que se afirme titular ou que possa discutir em juízo como substituto processual".

De que natureza, entretanto, deve ser o *interesse* capaz de autorizar o terceiro a intervir no processo: meramente de fato, ou tipicamente jurídico? A resposta, segundo julgamos, é fornecida pelo art. 119, *caput*, do CPC, que se refere à intervenção do terceiro na pendência de uma causa entre duas ou mais pessoas, desde que seja juridicamente interessado em que a sentença seja favorável a uma delas. Não nos parece possível, diante disso, sustentar-se que o interesse do terceiro na interposição de recurso seja apenas *de fato*, pois a lei seria de certo modo incongruente se houvesse condicionado a sua intervenção, no primeiro grau de jurisdição (CPC, art. 119), à existência de um *interesse jurídico* e viesse a permitir essa interveniência em grau de recurso mediante a comprovação de um interesse unicamente *factual*. Corrobora essa opinião, no processo do trabalho, a Súmula n. 82 do TST, que vincula a admissibilidade da intervenção assistencial, simples ou adesiva, à demonstração do interesse jurídico e não o "meramente econômico".

O *interesse jurídico*, contudo, não se caracteriza apenas quando o terceiro intervém para defender a titularidade do direito sobre que controvertem as partes. Tecnicamente, seria o caso da *oposição*, prevista no art. 682 e segs. do CPC, em que o terceiro vem em socorro imediato ao direito que alega lhe pertencer. O *interesse jurídico* pode configurar-se, perfeitamente, mesmo quando o terceiro se mete de permeio para defender a inalterabilidade do seu círculo jurídico, que poderia ser afetado pela sentença impugnada. Nesse caso, o direito é defendido pelo terceiro por via indireta ou transversa.

Nessa rota de raciocínio, p. ex., estaria legitimada e provida de interesse jurídico para recorrer, como terceiro, a entidade sindical toda vez que a sentença proferida em ação exercida por um ou mais empregados fosse capaz de envolver interesse jurídico de toda a categoria profissional que ela representa.

A noção processual de *interesse* fundamenta-se no binômio utilidade + necessidade. Ensina Mendonça Lima (*o*bra cit., p. 235/236) que o interesse de exercer a pretensão recursal promana de dois fatores: "de um lado, é preciso que o recorrente possa esperar, da interposição do recurso, a consecução de um resultado a que corresponda *situação mais vantajosa,* do ponto de vista *prático,* do que a emergente da decisão recorrida; de outro lado, que lhe seja necessário usar o recurso para alcançar tal vantagem". É claro que sendo o recurso interposto pelo Presidente do Tribunal ou pela Procuradoria, nos casos em que estão legitimados para tanto (CLT, art. 898), não se pode afirmar que a utilidade corresponda a uma vantagem *pessoal* desses órgãos, mas, sim, a uma satisfação do interesse público por eles manifestada nos autos, a ser obtida mediante a reforma da decisão impugnada pela via recursal.

O direito processual do trabalho, entrementes, não cria para o terceiro uma classe de recurso distinta dos demais meios que coloca ao alcance das partes. De tal sorte, os recursos arrolados no art. 893 da CLT, bem como os demais que incidam supletivamente neste processo, podem ser utilizados, de maneira indistinta, pelas partes e por terceiros. Esse nosso entendimento justifica um outro, sobre ser cabível agravo de petição (CLT, art. 897, *"a"*, *b*) de sentença resolutória de embargos de terceiro, mesmo que o recurso seja interposto por essa espécie de embargante. O referido texto trabalhista é suficientemente inteligível ao dispor que o agravo de petição é cabível das decisões do juiz *na execução*. Logo, o que determina a interponibilidade desse remédio não é a *pessoa* ou a *qualidade do recorrente,* mas, sim, a *natureza do processo* em que a decisão atacada é proferida. Esse é, correto ou não, o critério adotado pelo processo do trabalho.

Parece-nos ser lícito inferir que a corrente doutrinária que advogava o cabimento de recurso *ordinário* da sentença resolutiva dos embargos opostos por terceiro trazia, velado, o propósito de forçar, mais adiante, a interposição de recurso de revista (CLT, art. 896) do acórdão prolatado pelo tribunal, esquivando-se, desse modo, da restrição contida no § 2.º do mesmo artigo. O princípio da *generalidade subjetiva dos meios recursais,* contudo, combinado com a literalidade inequívoca do art. 897, *"a"*, da CLT, constituem argumentos capazes de deitar por terra o pensamento da referida corrente, que tem a nossa inflexível discordância. Nem nos impressiona o fato de os embargos de terceiro serem considerados modalidade de ação. O que vale, insista-se, é a disciplina generalizante que se esplende do tantas vezes citado art. 897, "*a*", do texto trabalhista.

Cumpre ressaltar que o recurso interposto pelo terceiro não se submete à observância de *todos* os pressupostos de admissibilidade, atinentes aos recursos em geral. Dentre os *objetivos*, é necessário que o terceiro atenda, no exercício da sua pretensão recursal, aos requisitos de: a) recorribilidade do ato; b) regularidade formal do ato; c) adequação; d) tempestividade, não lhe sendo exigível; 1) o depósito a que se refere o art. 899, §§ 1.º e 2.º da CLT; nem 2) o pagamento de custas (CLT, art. 789). No que alude aos *subjetivos*, é palmar que ele deverá: a) estar legitimado; b) possuir interesse (que sabemos ser jurídico; c) estar capacitado; e d) ser representado corretamente.

Questão relevante é sobre a partir de que momento passará a fluir o prazo para o terceiro que tenha intervindo no processo apenas para interpor recurso, sabendo-se que, por isso mesmo, ele não fora intimado da sentença. Nem a CLT nem o CPC indicam o critério a ser observado. Pensamos que se deva adotar, como *dies a quo* da contagem do prazo, o que corresponder ao da última intimação feita (de um dos litigantes) conforme comprovante existente nos autos. Não nos parece recomendável tomar-se como início da contagem o prazo da parte em relação à qual o terceiro pretende (com seu recurso) que o órgão *ad quem* beneficie (= torne a situação mais favorável) com a reforma da sentença.

Se o terceiro tiver ingressado no processo para efeito de oposição, de nomeação à autoria, de denunciação da lide ou de chamamento ao processo (embora entendamos ser incompatível com o processo do trabalho todas essas modalidades de intervenção) é pacífico que ele deverá ser intimado da sentença que for proferida, contando-se dessa data o prazo para a interposição do recurso que desejar. Ao terceiro admite-se *desistir* do recurso, independentemente de concordância de qualquer das partes (CPC, art. 998). Por princípio, consente-se também que ele *renuncie* ao direito de recorrer (CPC, art. 999), hipótese que não se confunde com a anterior. No primeiro caso, o recurso já havia sido interposto; no segundo, estava para ser interposto.

Como o art. 994, IV, do CPC classifica, formalmente, os embargos de declaração como recurso, não se pode negar ao terceiro legitimidade para oferecer esses embargos, desde que atendido o requisito da existência de interesse jurídico.

Capítulo XXIII

RECURSOS INTERPOSTOS POR AMBAS AS PARTES

O princípio legal é de que o recurso pode ser interposto pelo litigante *vencido* (CPC, art. 996, *caput*), em que pese ao fato de, em situações excepcionais, o vencedor também possuir interesse em recorrer. Sempre que as pretensões do autor forem acolhidas em parte, isto significa que tanto ele quanto o réu ficaram *vencidos*, ainda que parcialmente. Dá-se que o acolhimento de qualquer pretensão formulada por um dos litigantes faz com que o outro sucumba, automaticamente, nesse ponto, do mesmo modo que a rejeição de uma pretensão faz com que reste vencida a parte, nesse aspecto, e vencedora a adversa.

Ocorrendo de autor e réu ficarem vencidos, ambos estão autorizados a interpor recurso da sentença, em virtude da presença do pressuposto subjetivo do *interesse*, de que cuida o art. 17, do CPC. Essa norma legal, ao fazer ao aludir ao *interesse*, como pressuposto para a *postulação* em juízo, está a referir-se à propositura da ação, à elaboração da resposta, à interposição de recurso, à apresentação de exceção, impugnação, embargos, reconvenção, reclamação correcional e tudo o mais.

Cada litigante interporá o recurso independentemente do outro (CPC, art. 997; isso significa não apenas que o prazo para o exercício dessa pretensão, embora tenha sempre a mesma duração, não precisa fluir, com obrigatoriedade, a contar de um *dies a quo* comum (pois as respectivas intimações podem ter ocorrido em datas distintas), mas, também que o destino de cada apelo pode ser diverso. É elementar que a contagem deverá ter início na mesma data somente se a intimação dos litigantes tiver sido efetuada na mesma data.

Com relação ao destino dos recursos, pode acontecer de ambos serem admitidos e providos ou o provimento ser apenas de um deles; de somente um ser admitido e provido ou negado provimento; de um ser provido em parte e o outro integralmente etc. Enfim, há uma absoluta autonomia processual dessas impugnações (uma em relação à outra) sob o ângulo de sua existência, a despeito de se dirigirem para um mesmo pronunciamento jurisdicional. Essa autonomia, contudo, nem sempre se verifica quanto à *apreciação* dos apelos, pelo órgão *ad quem*. Seria o caso, p. ex., de o autor haver recorrido da parte da sentença que lhe rejeitou o pedido de horas extras, e o réu, do ponto que reconheceu a presença de relação de emprego entre ambos. Se o tribunal der provimento ao recurso interposto pelo réu (cujo julgamento, pela matéria nele tratada, têm precedência em relação ao do autor) – por entender inexistente a relação de emprego que fora declarada pelo órgão de primeiro grau –, torna-se evidente que o recurso do autor ficará prejudicado, pois a sua apreciação seria desnecessária, para não dizermos ilógica. O mesmo aconteceria no caso de o autor haver recorrido para obter o aviso prévio que lhe foi negado pelo órgão *a quo*, e o tribunal, dando provimento ao recurso interposto pelo réu, declarar a nulidade do processo, a contar, digamos, da citação. O pronunciamento do órgão *ad quem* teria, na espécie, caráter de *prejudicialidade* da apreciação do apelo apresentado pelo autor, em decorrência do circunduto reconhecido.

De qualquer sorte, sendo vencidos autor e réu, qualquer deles poderá aderir ao recurso interposto pelo outro (CPC, art. 997, § 1.º), caso em que o recurso adesivo ficará subordinado ao recurso independente, sendo-lhe aplicáveis as mesmas regras deste quanto aos requisitos de admissibilidade e julgamento no tribunal, salvo disposição legal diversa *(ibidem,* § 2.º). Além disso, o recurso adesivo:

I – será dirigido ao órgão perante o qual o recurso independente fora interposto, no prazo de que a parte dispõe para responder; II – será admissível na apelação, no recurso extraordinário e no recurso especial; III – não será conhecido, se houver desistência do recurso principal ou se for ele considerado inadmissível *(ibidem,* I, II e III, respectivamente).

Se o réu sustenta, no recurso, a incompetência do juízo inferior e o autor, a nulidade do processo por restrição do direito de defesa, ao tribunal caberá apreciar primeiramente o recurso daquele; se provido, dispensada estará a apreciação do interposto por este; negando, no entanto, provimento, passará o *ad quem* ao exame do recurso do autor, pois terá sido afastada a incompetência arguida pelo réu. Incidiria em tumultuário *error in procedendo* o órgão de reexame se invertesse, no caso mencionado, a ordem de apreciação das matérias trazidas à sua cognição pelos recursos. Cumpre-nos lembrar que a competência do órgão jurisdicional não apenas possui preeminência processual em cotejo com a nulidade, como traduz uma regra constitucional (CF, art. 5.º, LIII).

Tratando-se de prazo comum, os advogados não poderão retirar os autos em carga, da Secretaria do juízo, para prepararem a interposição do recurso, salvo em conjunto ou mediante prévio ajuste e, ainda assim, por petição nos autos (CPC, art. 107, § 2.º). Nesta hipótese, será lícito ao procurador retirar os autos para obtenção de cópias, pelo prazo de 2 (duas) a 6 (seis) horas, independentemente de ajuste e sem prejuízo da continuidade do prazo (§ 3.º).

O procurador perderá no mesmo processo o direito a que se refere o § 3º se não devolver os autos tempestivamente, salvo se o prazo for prorrogado pelo juiz (§ 4.º).

É curial que a proibição de retirada dos autos não faria sentido quando o prazo de recurso para uma das partes somente passasse a fluir, por qualquer razão justificável, após o decurso do prazo para a outra. Ocorre que a fluência do prazo, aqui, não seria *simultânea*. Somos de opinião que a parte também poderia retirar os autos em carga quando lhe restasse um ou mais dias do prazo, contanto que já exaurido o da parte contrária.

Se um dos demandantes, por inadvertência ou ignorância do funcionário do órgão, conseguir retirar os autos em carga, sendo o prazo comum, caberá ao juiz restituir o prazo à outra, pois estará caracterizada a justa causa a que se refere o art. 223, *caput*, do CPC. A restituição, na hipótese, deveria ser pelo tempo que faltava, pois o prazo ficou suspenso no momento em que o obstáculo foi criado por aquela a quem os autos foram entregues em carga, irregularmente. O § 2.º do art. 223, do CPC, no entanto, declara que a parte praticará o ato no prazo que o juiz lhe assinar. O art. 221, do mesmo Código, afirma que o curso do prazo será suspenso por obstáculo criado pela parte (cogitemos, apenas desta situação), "devendo o prazo ser restituído *por tempo igual ao que faltava* para sua complementação" (destacamos). Haveria antinomia entre os arts. 221 e 223, do CPC? Não há. O art. 221 pressupõe a ocorrência de *obstáculo* criado pela parte contrária. O art. 223 tem como pressuposto a ocorrência de *justa causa*, conceituando-a como "o evento alheio à vontade da parte que a impediu de praticar o ato por si ou por mandatário" (§ 1.º).

Incumbe ao advogado devolver os autos à secretaria do juízo no prazo legal. Na vigência do CPC de 1973, se os autos não fossem restituídos dentro do prazo, o juiz, *ex officio*, mandaria *riscar* o que nos autos tivesse sido escrito pelo advogado infrator e desentranhar as alegações e documentos que apresentasse (CPC, art. 195), sem prejuízo de qualquer interessado poder efetuar a cobrança dos autos, caso em que o advogado, intimado, não os devolvesse em 24 horas, perderia o direito de vista fora da secretaria e incidiria em multa equivalente a meio salário mínimo vigente na sede do juízo (CPC, art. 196). O juiz comunicaria, ainda, a falta à Seccional da OAB, para a instauração de procedimento disciplinar e aplicação da multa. O CPC de 2015 manteve, em parte, essas consequências ou sanções. Compare-se: a) Se, intimado, o advogado não devolver os autos no prazo de três dias, perderá o direito à vista fora de cartório e incorrerá em multa correspondente à metade do salário mínimo (art. 234, § 2.º). A fixação da multa com base no salário mínimo, entretanto, ofende o inciso IV do art. 7.º, da Constituição Federal; b) verificada a falta, o juiz comunicará o fato à seção local da Ordem dos Advogados do Brasil para procedimento disciplinar e imposição de multa (§ 3.º); c) se a situação envolver membro do Ministério Público, da Defensoria Pública ou da Advocacia Pública, a multa, se for o caso, será aplicada ao agente público responsável pelo ato (§ 4.º).

Há, ainda, o risco de o ato do advogado caracterizar conduta típica, punível, nos termos do art. 356, do Código Penal.

Capítulo XXIV

Recurso Total e Recurso Parcial

O litigante vencido pode impugnar todo o conteúdo desfavorável da decisão, ou apenas *parte* dele; daí, a possibilidade de recursos totais e de recursos parciais. A *extensão* ("horizontalidade") da impugnação constitui faculdade que a lei reconhece ao recorrente. Dispõe, com efeito, o art. 1.002 do CPC que a decisão pode ser contrastada no todo ou em parte.

Indaga-se, entretanto: quando o litigante deixar de indicar a parte de que está recorrendo, deve-se presumir como *integral* a impugnação?

O CPC de 1973, assim como o de 2015, não reproduziu a norma do art. 811, segunda parte, do Código de 1939, em que a solução estava expressamente declarada: presumia-se ser *total* a impugnação. Essa disposição teria sobrevivido na atualidade? Em livro anterior, ao responder a essa pergunta, dizíamos que ela só teria sentido e importância no plano do processo civil, porquanto, no do trabalho, a CLT, ao estabelecer, no art. 899, *caput*, que os recursos são interpostos por simples petição, não permitia outra inferência que não a de ser ampla a impugnação à sentença. Assim – prosseguíamos –, se o recorrente não especificasse os capítulos da sentença que estava impugnando, haveria de entender-se que o recurso era amplo, ou seja, abarcava todo o conteúdo desfavorável do pronunciamento jurisdicional.

Nossos argumentos, na ocasião, concentravam-se no fato de que estava em vigor o art. 791, *caput*, da CLT, que atribuía às partes capacidade postulatória (*ius postulandi*). Não nos parecia sensato aplicar ao processo do trabalho determinados princípios característicos do processo civil, exatamente porque, no primeiro, as partes, ainda que inscientes de normas processuais, poderiam ingressar pessoalmente em juízo e praticar todos os atos do procedimento. Logo, se deixasse de indicar os pontos da sentença que estavam a impugnar (dizendo, apenas, que dela discordavam), a simplicidade do processo do trabalho, de par com o *ius postulandi*, autorizaria a ilação de que o recurso era amplo.

Os tempos, contudo, tornaram-se outros. A Constituição Federal vigente declara ser o advogado pessoa indispensável à administração da Justiça (art. 133). E a Lei n. 8.906, de 4 de julho de 1994, não só repete essa regra (art. 2.º, *caput*), como proclama constituir ato privativo de advocacia a postulação a *qualquer* órgão do Poder Judiciário (art. 1º, I). Isso significou, a nosso ver, que teria sido revogado o art. 791, *caput*, da CLT, que concedia às partes o *ius postulandi*

– essa faculdade equívoca e ardilosa, que as fazia, muitas vezes, ver o seu direito perder-se pelos labirintos de um processo, que, por mais simples que se insinuasse, era incompreensível para quem não possuísse um mínimo de noção acerca das regras de postulação em juízo. Quantos direitos, quantas faculdades foram fulminadas pela preclusão temporal, em nome dessa insidiosa capacidade postulatória.

Sempre entendemos que o advogado era condição fundamental para o equilíbrio técnico da disputa, para uma solução justa e equilibrada do conflito de interesses. A vida prática demonstrou, num incontável número de ocasiões, que, quando um dos litigantes ia a juízo sem advogado, mas o outro fazia-se acompanhar por procurador judicial, o que se presenciava, dramaticamente, não era uma porfia equilibrada, mas um massacre, por parte deste último.

Se, de um lado, a presença do advogado em juízo tornou-se – segundo nossa opinião – indispensável, 'essa mesma presença fez com que reformulássemos nosso ponto de vista a respeito da extensão da "devolutibilidade" dos recursos trabalhistas, em especial do ordinário. Presente o advogado no processo do trabalho, não há razão lógica nem jurídica para impedir-se a incidência, nesse processo, da regra clássica, contida no art. 515, *caput*, do CPC de 1973, conforme a qual a apelação (leia-se: recurso ordinário) "devolve" ao tribunal, somente, a matéria impugnada. Essa declaração também consta do art. 1.013, *caput*, do CPC de 2015.

Devemos dizer, no entanto, que este nosso entendimento está, no momento, prejudicado pela medida liminar concedida na ADI n. 1.127-8/DF, ajuizada pela Associação dos Magistrados Brasileiros. Essa liminar suspendeu a eficácia do art. 1.º, da Lei n. 8.906/94, segundo o qual são atividades privativas da advocacia "a postulação a qualquer órgão do Poder Judiciário e aos juizados especiais". Com isso, a postulação no âmbito da Justiça do Trabalho (assim como no dos Juizados Especiais) não é privativa de advogado, podendo, a própria parte, praticar todos os atos processuais necessários à defesa dos seus direitos e interesses contrariados.

Assim, proclamada, ainda que de maneira implícita, pelo STF, a sobrevivência do art. 791, *caput*, da CLT, em face da Constituição Federal de 1988, a conclusão a tirar-se é de que, na Justiça do Trabalho, se a parte recorrer (mesmo ordinariamente) da sentença, sem especificar que pontos ou capítulos da decisão constituem objeto de sua impugnação, entender-se-á que o recurso abarca todo o conteúdo desfavorável a esse litigante. Esta nossa interpretação é absolutamente coerente com o *ius postulandi*, conquanto seja de nosso convencimento que o art. 791, *caput*, da CLT, tenha sido derrogado pelo art. 133, da Constituição Federal.

Pondo de lado essa nossa opinião, algo heterodoxa, devemos dizer que doutrina e jurisprudência, de modo geral, mesmo entendendo que as partes conservam o *ius postulandi* na Justiça do Trabalho, aplicam a regra do art. 1.013, *caput*, do CPC, conforme a qual a apelação (leia-se: recurso ordinário) devolve ao tribunal somente o conhecimento da matéria *impugnada* – o que não deixa de ser uma conclusão conflitante com a regra do art. 791, *caput*, da CLT.

Como consequência desse pensamento, temos que se o recorrente, em tema de *recurso ordinário*, impugnar apenas *parte* da sentença, só dessa parte poderá conhecer o órgão *ad quem*. Não seria admissível, p. ex., que o recorrente pedisse A + B e o tribunal, a pretexto de que a devolutibilidade, mesmo assim, era ampla, concedesse também C + D, deferindo ao recorrente mais do que havia pedido. Não vamos nos aprofundar, neste momento, no problema da extensão da devolutibilidade dos recursos, pois isso será objeto de item específico. Reiteremos, contudo, a observação de que o art. 1.013 do CPC dispõe que o recurso (ordinário) devolve ao tribunal o conhecimento da matéria *impugnada*; logo, por princípio legal, aquilo que não foi objeto de impugnação não pode ser conhecido pelo órgão de reexame. A hipótese se rege pela antiga parêmia romana *tantum devolutum quantum appellatum*, de indiscutível atualidade.

O entendimento de que só se devolve ao tribunal aquilo de que se recorreu não se fundamenta, como se possa conjeturar, no art. 1.000 do CPC, em que se veda a possibilidade de exercer a pretensão recursal à parte que "aceitar expressa ou tacitamente a sentença ou a decisão". Veto dessa ordem já estava contido nas Ordenações Filipinas, como demonstra o § 2.º do Título 79, Livro III: "nem será recebido a apelar o que por alguma maneira consentiu na sentença dada contra ele; porque se fosse presente ao tempo, que a sentença contra ele fosse publicada, não apelando dela, e fazendo algum auto, por que mostrasse consentir nela, não será jamais recebido a apelar dela; assim como se pedisse tempo para pagar o em que era condenado, em tal caso, ainda que houvesse apelado da sentença, por tal auto mostrara consentir nela, e renunciar à apelação, em tanto que já a não poderá em algum tempo". A parte final dessa disposição da Ordenação reinol transcrita coincide, em conteúdo, com a do parágrafo único do art. 1.000 do CPC vigente, que considera como aceitação tácita da sentença desfavorável a prática, sem reserva alguma, de um ato incompatível com a intenção de recorrer. Ora, não vemos como o fato de o recorrente deixar de impugnar parte do pronunciamento jurisdicional possa ser reputado como prática de ato *incompatível* com o direito de exercer a pretensão recursal. É por isso que não fundamentamos nessa norma legal a nossa opinião de que a parte não impugnada não pode ser reconhecida pelo tribunal. O fulcro legal desse entendimento, a nosso ver, é muito mais significativo; o ponto não atacado simplesmente *transita em julgado*, formando-se, em consequência, a preclusão máxima, que impede o seu reexame pelo órgão *ad quem*. Pouco importa saber, portanto, se a ausência de recurso de certo ponto da sentença implicaria aceitação tácita (elemento subjetivo) desse mesmo ponto: sobreleva, isso sim, o fato de que, exaurido o prazo, sem que dela se tenha recorrido, forma-se a coisa julgada (elemento objetivo), cujo respeito é imposto pelo texto constitucional (art. 5º, XXXVI).

Vale lembrar que "A decisão que julgar total ou parcialmente o mérito tem força de lei nos limites "da questão principal expressamente decidida" (CPC, art. 503).

Ademais, se o próprio art. 141 do CPC declara que o juiz decidirá o mérito nos *limites* propostos pelas partes, não seria razoável que o tribunal desrespeitasse a extensão da matéria impugnada, para conceder ao recorrente aquilo que ele nem sequer pediu – e que já se fazia absolutamente intangível em virtude da autoridade da *res iudicata* material que a caracterizava. Ressalvem-se, apenas, aquelas matérias que devem ser apreciadas *ex officio*, como ausência das condições da ação (legitimidade de parte, interesse processual); ausência de pressuposto para a constituição e o desenvolvimento regulares da relação processual; perempção, litispendência, coisa julgada, ausência de legitimidade ou de interesse processual etc. (CPC, art. 485, § 3.º).

Capítulo XXV

ACEITAÇÃO TÁCITA DA SENTENÇA

Conforme pudemos demonstrar no item anterior, que a lei inibe o exercício da pretensão recursal sempre que a parte aceitar, de maneira tácita ou expressa, a sentença ou a decisão que lhe for desfavorável. Na aquiescência expressa, a parte diz que aceita a sentença; há, portanto, manifestação volitiva. Na tácita, entretanto, a aceitação emana da prática, sem qualquer reserva, de ato incompatível com a vontade (melhor: intenção) de recorrer (CPC, art. 1.000 e parágrafo único). Ensina Pontes de Miranda que a renúncia tácita, de fundo canonístico, atendia a sugestões do sistema canônico de apelabilidade das sentenças interlocutórias em geral (obra cit., p. 99).

Nota-se, assim, que a aceitação da sentença desfavorável – em quaisquer de suas formas – foi erigida pelo legislador como fato extintivo do direito de recorrer, que, no geral, se assegura aos litigantes e aos terceiros. O preceito legal tem base lógica (além, é certo, de jurídica), porquanto exige da parte uma atitude de *coerência* em face do provimento jurisdicional desfavorável; daí por que a prática de determinado ato, em consonância com a sentença, fere essa atitude de coerência que se espera da parte: se esta foi vencida e não concorda com a decisão, cumpre-lhe interpor o recurso adequado e não agir, contraditoriamente, de acordo com a sentença desfavorável aos seus interesses. Se assim o fizer e depois comparecer com o recurso, a sua pretensão estará fulminada pela preclusão lógica. A propósito, não nos parece correta, sob o rigor da técnica, a afirmação contida no parágrafo único do art. 1.000 do CPC de que a parte que aceitar, tacitamente, a sentença "não poderá recorrer". Na verdade, ela poderá recorrer; o que se passa é que o seu recurso *não será admitido*, por falta de interesse processual.

Nem sempre, na prática, é fácil caracterizar-se a *aceitação tácita* da sentença. O exemplo clássico, mencionado pela doutrina e previsto inclusive em legislação do passado (cite-se, a propósito, o § 2.º do Título 79, Livro III, das Ordenações Filipinas, que reproduzimos no item anterior), é o da parte que, condenada a pagar certa importância, requer ao juiz, antes de transitada em julgado a decisão, prazo para cumprir a obrigação. Ora, se o vencido manifesta a sua intenção de adimplir a obrigação esse seu ato implica anuência tácita ao comando da sentença condenatória, motivo por que não se admitirá o recurso que acaso venha a interpor depois de formulado o aludido requerimento, ainda que o prazo para o exercício da pretensão recursal não se tenha exaurido. No caso de embargos à execução, a propósito, a cautela recomenda que o embargante, ao depositar o valor para garantia do juízo, com vistas à oposição daqueles embargos, exija que essa finalidade seja explicitada na guia de depósito, sob pena de eventual omissão quanto a isso ser interpretada como tendo sido para *pagamento* (e consequente extinção da obrigação) do valor devido. Embora saibamos que os embargos à execução não constituem modalidade de recurso, mas, sim, ação incidental do devedor, o exemplo foi trazido à baila para demonstrar que a atitude de coerência da parte, diante da decisão desfavorável, é exigida não apenas quando se trata de recurso, figurando mesmo como um dos postulados de todo o processo.

A aceitação tácita da sentença pode ocorrer, igualmente, quando for o caso de litisconsórcio, seja ativo ou passivo. O que é necessário separar, apenas, é o litisconsórcio unitário do simples, pois os efeitos dessa aquiescência são distintos.

Se o litisconsórcio for *facultativo-simples*, a anuência à sentença, por parte de um dos litisconsortes, não se comunica aos demais, que, desse modo, poderão exercer a sua pretensão recursal normalmente. Justifica-se o fato pela particularidade de, nesse regime litisconsorcial, a decisão poder ser *diferente* para as várias partes. Já no litisconsórcio do tipo *unitário*, em que, ao reverso, a decisão deve ser uniforme em relação aos litisconsortes, a concordância de um deles em relação à sentença desfavorável afeta os demais compartes, conquanto ela seja eficaz apenas no que respeita às condenações ditas acessórias, observando Barbosa Moreira que a decisão não passa em julgado "senão em virtude da aquiescência de *todos* os litisconsortes" (obra cit., p. 274).

Enfim, a aceitação tácita ou expressa da sentença ou da decisão interlocutória pode ser da parte, do litisconsorte (que também é parte) e do terceiro prejudicado. Sendo essa aceitação tácita um ato jurídico tipicamente unilateral, a sua característica é a potestatividade, pois a eficácia não depende da concordância da parte contrária. Ressalta, entretanto, Pontes de Miranda que, se a aceitação da sentença ou da decisão interlocutória foi sob condição, a sua eficácia depende de manifestação volitiva expressa e de conhecimento pela parte adversa, o que importa em implemento pela outra parte, por terceiro ou interessado, que seria o recorrido" (obra cit., p. 114).

Anota, ainda, o festejado jurista que na técnica legislativa brasileira, quase sempre superior, não se pode pensar que inexista renúncia tácita em decorrência da aceitação da sentença ou da decisão interlocutória, se ficar constatado que poderia caber a ação rescisória, pressupondo-se, evidentemente, tenha ocorrido o trânsito em julgado.

Sendo a aquiescência inexpressa ao julgado, além de um ato unilateral, também informação, a sua eficácia no processo prescinde de qualquer termo ou de homologação, competindo apenas ao juiz verificar se configurou, ou não, essa espécie de aceitação do provimento jurisdicional desfavorável; entendendo que sim, deverá não admitir o recurso que, porventura, vier a interpor a parte que anuir, embora sem palavras, com a sentença que agora impugnou. Ou pretendeu impugnar.

Em termos práticos, configurada a aceitação tácita (quanto mais não seja, da expressa) da sentença, isso significa que esta transitou em julgado, razão pela qual incidirá o disposto no art. 508, do CPC.

Duas observações, finalmente, são necessárias: a) havendo *dúvida* quanto a ter a parte renunciado tacitamente ao direito de recorrer, deve o juiz entender que não houve a renúncia; b) esta não deve também ser admitida se houve protesto ou reserva pela parte.

Capítulo XXVI

Desistência do Recurso

Titulares do direito de exercer a pretensão impugnativa, as partes (ou terceiros, quando for o caso) podem, em virtude disso, desistir, a qualquer tempo e sem a concordância do recorrido ou dos litisconsortes, do recurso que tenham interposto (CPC, art. 998). Independe, também, de homologação judicial (CPC, art. 200, *caput*), somente exigível no caso de desistência da ação (*ibidem*, parágrafo único.

A desistência do recurso não se confunde com a aceitação, tácita ou expressa, da sentença ou da decisão interlocutória, a que se refere o art. 1.000 do CPC. É que no primeiro caso a parte, expressamente, desiste de um ato que *havia praticado* (a interposição do recurso), ao passo que, no segundo, um ato por ela realizado *antes* da interposição do apelo cria uma incompatibilidade, sob o aspecto lógico, com a vontade de recorrer. Vale dizer: lá, o recurso fora interposto e, depois disso, a parte dele desistiu; aqui, a interposição foi obstada (ou prejudicada) por ato anterior, que caracterizou a aceitação tácita ou expressa da sentença desfavorável.

A desistência do recurso pode ser manifestada, como está na lei, a *qualquer tempo*; com isso, se quer dizer que o recorrente pode desistir do apelo do momento que vai de sua interposição até o instante anterior ao julgamento pelo órgão *ad quem*. A desistência pode ser comunicada, por isso, da própria tribuna, ao ensejo da sustentação oral, em que pese à particularidade de o recurso já haver sido *admitido* pela Corte. Há situações em que a parte, na sessão de julgamento, desiste do recurso principal, fazendo com que, em consequência, fique prejudicado o recurso adesivo, para desapontamento da que o interpôs.

Fora da hipótese mencionada acima, a desistência, em regra, é feita mediante petição escrita, conquanto nada obste a que, na Justiça do Trabalho, ela seja manifestada por *termo* nos autos, como ocorre, p. ex., quando a parte comparece à Secretaria do órgão e exterioriza a sua desistência do apelo. Importa observar que a lei não exige forma especial para o ato de desistir; daí por que ele pode ser realizado, oralmente, na própria sessão de julgamento do recurso.

A norma legal deixa claro, por outro lado, que a desistência independe do assentimento do recorrido ou dos litisconsortes; tratando-se, mais uma vez, de um direito potestativo do recorrente, a desistência pode ser manifestada, com eficácia, ainda que com ela não concorde o recorrido. Não é esta a disciplina que a norma processual (CPC, art. 485, § 4.º) impôs à desistência *da ação*, em que a sua eficácia depende do consentimento do réu, quando já decorrido o prazo para a resposta deste. A diversidade de tratamento é justificável, segundo Barbosa Moreira: é que, no procedimento de primeiro grau, o réu pode ter interesse na emissão de uma sentença de mérito, que componha logo a lide, evitando, com isso, os inconvenientes e transtornos de uma nova propositura da ação, caso a desistência da primeira independesse da sua concordância. Em grau de recurso, entretanto, já existe uma decisão que pôs fim àquele estado de incerteza do direito, existente antes da prolação da sentença impugnada, "que a desistência do recurso normalmente fará prevalecer em definitivo, sem que disso possa advir qualquer prejuízo para a outra parte" (obra cit., p. 261).

Em sede de recurso, portanto, a desistência não é *requerida*, e, sim, *comunicada*. O requerimento pressupõe a apreciação por parte do juiz, que poderá deferi-lo ou indeferi-lo. No caso da desistência do recurso, como salientamos, não há requerimento, senão que *comunicação eficaz de vontade* pelo desistente.

A desistência, desde que tenha sido comunicada de maneira regular, extingue o procedimento recursal, independentemente de outras formalidades, como termo ou homologação. É a regra do art. 200, *caput*, do CPC, segundo a qual os atos das partes (entenda-se: do recorrente), consistentes em declarações unilaterais (de desistência) ou bilaterais de vontade, produzem *imediatamente* (e de forma automática) a constituição, a modificação ou a *extinção* de direitos processuais.

A única exigência que se faz é de que a desistência seja cientificada ao órgão no qual os autos do recurso se encontram; efetuada, caberá ao juízo competente declarar extinto o procedimento recursal em relação à parte que desistiu. Como é elementar, o procedimento deverá continuar em seu curso se houver remédio interposto pela outra parte da mesma decisão.

O efeito processual imediato da desistência é provocar o trânsito em julgado da sentença naquilo em que fora impugnada pelo desistente. Os pontos não impugnados, como é óbvio, já haviam passado em julgado, dando ensejo à formação da coisa julgada material, conceituada pelo Código como "a autoridade que torna imutável e indiscutível a decisão de mérito, não mais sujeita a recurso" (CPC, art. 502).

A parte não precisa justificar as razões que a levaram a desistir do recurso interposto, ou seja, fundamentar a desistência; basta que compareça ao órgão *a quo* ou *ad quem* (conforme os autos encontrem-se lá ou aqui) e diga: "desisto". Conforme esclarecemos há pouco, a desistência do recurso não se *requer;* simplesmente *comunica-se*. Requerer seria supor que a eficácia desse ato se subordinasse ao deferimento do juiz ou do relator, o que não é verdadeiro.

Quando a desistência for externada (máxime por petição escrita e protocolada em juízo) *pessoalmente* por empregado que tenha advogado constituído nos autos, a prudência recomenda que o juiz, antes de declarar extinto o procedimento recursal, dê ciência dessa manifestação do recorrente ao seu advogado, a fim de que este, no prazo que lhe for assinado, se pronuncie a respeito. A providência impõe-se em razão da possibilidade de o empregado haver sido induzido em erro, com o propósito de que viesse a desistir do recurso interposto.

Em tema de litisconsórcio, à desistência do apelo manifestada por um dos compartes, aplicam-se, *mutatis mutandis,* as considerações que expendemos ao examinar o problema da aquiescência tácita à sentença por um dos litisconsortes (item 19, retro). Chamamos apenas a atenção para a necessidade de separar-se, também aqui, o litisconsórcio simples do unitário, em face da diversidade de efeitos que acarreta, em cada um, a desistência do recurso.

Acrescentemos, todavia, que, sendo o caso de litisconsórcio *unitário* (em que a solução deve ser homogênea para todos), algumas situações especiais devem ser examinadas. É o que faremos, a seguir:

a) Todos os litisconsortes recorrem (em peça comum ou em peças autônomas) e alguns desistem do recurso.

Nesse caso, o caráter *unitário* do litisconsórcio faz com que não possa ocorrer, quanto aos desistentes, o trânsito em julgado da sentença, como aconteceria se o regime litisconsorcial fosse do tipo simples. Justifica-se a solução: se o que caracteriza o litisconsórcio *unitário* é a imperatividade de a decisão ser uniforme para todos os compartes, seria inadmissível que a sentença transitasse em julgado em relação aos desistentes, pois poderia suceder de o órgão *ad quem* dar provimento ao recurso, reformando pronunciamento de primeiro grau. Ficaríamos, então, diante desta situação anômala: valeria a sentença (contrária) para os litisconsortes desistentes e valeria o acórdão para aqueles que não tivessem desistido do recurso, porquanto, como é de lei, o julgamento proferido pelo tribunal substitui a sentença ou a decisão recorrida no que tiver sido objeto de impugnação (CPC, art. 1.008). Por outro modo de dizer: a matéria submetida à cognição jurisdicional receberia tratamento heterogêneo, colidindo, assim, com a unitariedade do litisconsórcio.

A desistência por parte de um ou de alguns litisconsortes faria somente com que estes fossem responsabilizados pelas custas processuais, pelos honorários de advogado (desde que devidos) e por outras despesas exigíveis, muito embora essa responsabilidade dos desistentes nem sempre existia no processo do trabalho, no qual, como vimos, a disciplina legal relativa às custas e às demais despesas, *lato sensu,* não coincide com a adotada pelo processo civil.

b) Caso o recurso seja interposto apenas por um litisconsorte e este venha a desistir: 1) o ato atingirá os demais litisconsortes que não recorreram, pois o trânsito em julgado da sentença, que se dará em virtude da desistência do apelo, produzirá efeito em relação a *todos* eles; 2) caso o prazo para recurso ainda não se tenha esgotado, os demais litisconsortes poderão exercer essa pretensão, que não será prejudicada pela desistência do recurso que fora interposto por outro, de cujo apelo veio a desistir. Como a hipótese é de litisconsórcio *unitário*, a interposição de recurso, pelos demais litisconsortes, aproveitará aquele que havia manifestado desistência do apelo interposto anteriormente ao destes, contanto que, sendo réus, as defesas sejam comuns a todos.

c) Em qualquer caso, os litisconsortes que não haviam impugnado a sentença ou a decisão desfavorável não podem opor-se à desistência do recurso que havia sido interposto por todos ou por apenas alguns deles. Aqui incide, com todas as suas letras, a disposição do art. 998 do CPC, onde está evidenciado o caráter potestativo do ato de desistência.

Não se concebe, entretanto, que a parte desista do recurso que ainda não interpôs; admiti-lo, seria abrir censurável concessão ao ilogismo, pois a desistência pressupõe uma situação concreta – a interposição do apelo –, e não mera expectativa ou aleatoriedade (a possibilidade de vir a interpor recurso).

A parte que diz: "desisto do recurso que vou interpor", na verdade não está desistindo, mas, sim, *renunciando* ao direito de recorrer.

O exame dessa espécie de renúncia constituirá o objeto do item subsequente.

Pergunta-se, entanto: a parte que desistiu do recurso poderá tornar a recorrer se o prazo correspondente ainda estava em andamento? Coerentes com o que manifestamos na oportunidade da análise do tema referente à *variabilidade* do recurso (item 14), entendemos que sim; a concluir em sentido oposto, estaríamos negando a possibilidade de a parte *variar* de recurso. E para que essa variação – a nosso ver admissível amplamente no processo do trabalho – seja deferida, há necessidade de que o recorrente desista do apelo anterior, equivocadamente interposto. O que não se poderia permitir é que a parte desistisse do recurso para, depois, voltar a interpor recurso idêntico ainda que o prazo não estivesse esgotado. A diversidade de solução para os exemplos apontados é lógica e, sobremodo, jurídica. É que, no primeiro caso, a desistência do remédio inadequado constitui requisito para a possibilidade (e não, necessariamente, para a admissibilidade) de interposição de *outro*, cabível na espécie; já no segundo, a desistência não figura como pressuposto de uma outra pretensão recursal a ser exercitada. Em síntese: lá, a desistência é meramente um meio (para poder-se apresentar um outro apelo); aqui, nada mais é do que um fim em si mesma, visto que desvinculada de qualquer situação futura.

Capítulo XXVII

Renúncia ao Direito de Recorrer

Cremos haver podido demonstrar, com suficiente nitidez (item 24), que o traço distintivo entre a *desistência* do recurso e a *renúncia* ao direito de recorrer está em que, no primeiro caso, o apelo já foi interposto, ao passo que, no segundo, ainda o será. Daí termos afirmado que, lá, se pressupõe uma situação concreta; aqui, apenas hipotética ou aleatória.

Nem se esqueça, sob outro aspecto, que a renúncia ao direito de exercer a pretensão recursal surge como fato impeditivo da possibilidade de o renunciante vir a interpor, no *mesmo* prazo, recurso da *mesma* sentença.

Se a parte renunciou, expressamente, ao direito de recorrer, não se há que cogitar, mais tarde, da aceitação tácita da sentença desfavorável, a que alude o art. 1.000 do CPC. Quem renunciou, renunciou; não aquiesceu, mesmo que de modo manifesto, ao provimento jurisdicional. Da mesma forma, quem aquiesceu, aquiesceu, não se justificando a sua posterior renúncia. Um fato, portanto, exclui o outro. Não há superioridade deste em relação àquele, e vice-versa, quanto aos *efeitos* processuais que soem acarretar; em termos de *eficácia*, são idênticos. A prevalência que um possa ter é apenas no plano cronológico, temporal: vale o que primeiro surgiu nos autos, ou neles configurou-se.

A menção feita, aliás, ao elemento cronológico coloca-nos diante de uma nova indagação: em que *momento* a parte deverá exteriorizar a sua *renúncia* ao direito de recorrer? Nada nos esclarece a lei, nesse particular; apenas diz que a renúncia é possível (CPC, art. 999). A doutrina, todavia, parece haver ocupado, com grande eficiência, esse espaço tópico da norma legal.

Sem embargo, tem-se entendido que a renúncia só pode ser manifestada (logo, *aceita*) no instante em que o direito de recorrer for exercitável concretamente, ou seja, a contar do momento em que a parte toma conhecimento da sentença ou da decisão desfavorável. Com isso também se quer afirmar que a renúncia não será admitida *antes* de a sentença ser publicada. Informa Barbosa Moreira (obra cit., p. 268) que o anteprojeto do atual CPC tentou inovar, permitindo, pelo art. 550, segunda parte, a renúncia antecipada, condicionando-a, porém, à "declaração comum de todas as partes". Tal disposição passou, depois, a constar do art. 508 do projeto, embora a Comissão Revisora tenha sugerido modificação para permitir que o litigante somente renunciasse ao direito de recorrer após a publicação da sentença. Posteriormente, o Congresso Nacional suprimiu a parte relativa à "renúncia prévia", se bem que não a proibiu de maneira manifesta. A *communis opinio doctoris*, contudo, vem mantendo o entendimento – firmado já ao tempo do CPC de 1939 – de que essa renúncia apenas é possível quando o litigante está ciente da sentença ou da decisão, por força da qual se tornou vencido na ação, no todo ou em parte.

Publicada a sentença, nasce, pois, para a parte o direito de recorrer e a consequente oportunidade de renunciar a esse direito, se for de sua conveniência.

A lei, igualmente, não indica a *forma* pela qual a renúncia, como ato da parte, deve ser explicitada. Diante dessa omissão, parece razoável pretender-se que a espécie seja disciplinada pelo art. 188 do CPC, a teor do qual os atos e termos do processo não dependem de forma determinada, salvo quando a lei expressamente exigi-la. Postas à frente, no entanto, as peculiaridades da renúncia, é de recomendar-se que seja sempre comunicada por escrito, conquanto despida de qualquer outra formalidade. É que, publicada a sentença, não há como presumir-se tenha a parte *renunciado ao direito de renunciar* à pretensão recursal; se ela pratica ato incompatível com o ânimo de recorrer, então a hipótese é de aquiescência tácita à sentença, e não de renúncia. Se o recurso já havia sido interposto e o recorrente vem a juízo para dizer que deseja renunciar ao direito de recorrer, o caso é de desistência e nunca de renúncia, porquanto esta pressupõe que o remédio não tenha sido ainda interposto.

O ponto de contato entre a desistência *do recurso* e a renúncia *ao direito* de recorrer localiza-se na desnecessidade de concordância da parte contrária para que esses atos produzam os efeitos processuais que lhes são próprios. Outro elemento comum entre ambas está nos efeitos que acarretam: o imediato trânsito em julgado da sentença ou da decisão, que se havia impugnado (desistência) ou que já se podia impugnar (renúncia). Tanto numa quanto noutra não se exige, ainda, homologação judicial; são, de *per se*, atos uni-eficazes.

Se a parte comunica ao juízo que vai recorrer, mas não recorre, a hipótese não é de desistência do recurso nem de renúncia ao direito de recorrer ou de aceitação inexpressa ao pronunciamento jurisdicional desfavorável, mas, sim, de decurso *in albis* do prazo recursal; precluiu, temporalmente, o direito de exercer essa pretensão.

No âmbito do litisconsórcio, a disciplina da renúncia ao direito de recorrer coincide, em quase todos os pontos, com a concernente à desistência e à aceitação tácita da resolução judicial; cabe enfatizar apenas que, também na renúncia, se deve separar o litisconsórcio *simples* do *unitário*, sabendo-se que naquele a renúncia de um dos compartes afeta o direito do renunciante, pois não se exige uniformidade da decisão judicial, no que respeita a uns e outros; se o caso for de litisconsórcio unitário, a homogeneidade da solução para a controvérsia *in iudicio deducta* faz com que não seja prejudicado o direito do renunciante; é provável, contudo, que dele se exija o pagamento *pro rata* das custas e de outras despesas processuais – a despeito de havermos antecipado a nossa opinião de ser algo infrequente a ocorrência de atribuição de responsabilidade dessa natureza no processo do trabalho.

Capítulo XXVIII

EFEITOS DOS RECURSOS

Tradicionalmente vem-se reconhecendo aos meios impugnativos das resoluções judiciais duas classes de efeitos, algo contrapostas: a) devolutivo; b) suspensivo. Mais recentemente, contudo, a doutrina passou a acrescentar os efeitos: c) expansivo; d) translativo; e e) substitutivo.

Passemos a examiná-los.

1. Efeito devolutivo

A devolutibilidade é inerente a todos os recursos, dado que a interposição devolve (ou seja, submete a reexame) ao órgão *ad quem* o conhecimento da causa. Conquanto o vocábulo *devolutivo* tenha caído no gosto da doutrina, que dele se apropriou como elemento identificador de um dos efeitos derivantes da interposição de recurso, não podemos deixar de denunciar o equívoco dessa atitude. Realmente, a ideia de "devolução" nos vem do direito romano antigo, em que o imperador detinha, em caráter monopolístico, o poder de decidir os conflitos de interesses ocorrentes entre os reinóis, delegando-os, em alguns casos, a seus prepostos. Assim, quando a parte não ficava satisfeita com a decisão adotada pelo preposto, apelava ao imperador, *devolvendo-lhe*, por esse modo, a jurisdição. Segundo Palacio, a expressão efeito devolutivo "deriva de la época del derecho romano en la que los magistrados inferiores ejercían como delegados del emperador, devolviéndosela en el caso de mediar un recurso de apelación. Y esa devolución de la jurisdición traía aparejada el efecto de que la competencia del juez inferior quedaba suspendida hasta tanto recaye-se sentencia del superior. Originariamente, pues, la apelación producía ambos efectos: devolutivo y suspensivo, siendo este último consecuencia del primeiro. Pero el derecho canónico - como señala Caravantes - advirtiendo que, en cierto tipo de causas, como las de alimentos, la impossibilidad de ejecutar la decisión del juez inferior era susceptible de produzir perjuicios irreparables, admitió que la apelación pudiera concederse `al solo efecto devolutivo', o sea, sin que ella suspendie la jurisdicción del inferior". *Apud* Campos Batalha, obra cit., p. 780.

Nos tempos modernos, entretanto, não faz sentido falar-se em efeito devolutivo, porquanto a atividade jurisdicional não é privativa dos tribunais. Destarte, não se pode "devolver" aos tribunais aquilo que jamais lhes pertenceu.

Seja como for, o fato é que o vocábulo *devolutivo* está fortemente entranhado em nossa tradição processual – particularidade que não desautoriza, todavia, a crítica ao emprego desse adjetivo, com o significado que se lhe vem atribuindo.

Só se "devolve" ao órgão *ad quem* aquilo que foi objeto do recurso (CPC, arts. 1.008 e 1.013), ressalvadas as matérias que o julgador deve conhecer *ex officio*, como as enumeradas no § 3.º do art. 485, do CPC. Na *remessa obrigatória* – a que o Decreto-lei n. 779/69 alude, em manifesto deslize técnico, a *recurso ordinário ex officio* (art. 1.º, V) – a devolução é ampla, pois não se trata de recurso. A sentença condenatória da Fazenda Pública e outras entidades somente passará em julgado se houver a remessa obrigatória, para que o tribunal proceda ao reexame necessário (CPC, art. 496).

Uma das raras situações em que se pode cogitar, efetivamente, de *devolutibilidade* ocorre em relação aos embargos declaratórios, que a lei considera como modalidade de recurso (CPC, art. 994, IV), embora, sob o ponto de vista doutrinário, não ostentem essa natureza. Os embargos de declaração serão julgados pelo mesmo juiz ou colegiado que proferiu a decisão embargada.

2. Efeito suspensivo

Segundo a opinião doutrinal predominante, o efeito será suspensivo quando o recurso for dotado de aptidão para obstar a produção dos efeitos inerentes à sentença impugnada. Conquanto consagrado, não nos parece de todo correto esse entendimento. Assim dizemos, porque, sendo a sentença um ato sujeito a condição resolutiva, – conforme expusemos no item 10, retro –, essa situação jurídica permanece enquanto perdurar a possibilidade de ela ser objeto de recurso. Vista a questão sob esta perspectiva, não seria despropositado asseverarmos que o efeito em estudo não é em rigor, suspensivo, mas, *impeditivo* da prática de atos ordinários, derivantes da decisão impugnada. Aludimos a atos *ordinários* porque, em determinadas situações, mesmo estando a sentença pendente de recurso, o juiz estará autorizado a adotar medidas urgentes, necessárias à conservação de direitos, como, por exemplo, de natureza cautelar.

Anteriormente à vigência do CPC de 2015, a Súmula n. 414, I, do TST, estabelecia que a ação cautelar inominada constituía o meio apropriado para obter-se o efeito suspensivo a recurso. Vigente o referido CPC, o teor da Súmula passou a ser o seguinte: "Mandado de Segurança. Tutela provisória concedida antes ou na sentença (nova redação em decorrência do CPC de 2015) - Res. 217/2017 - DEJT divulgado em 20, 24 e 25.04.2017. I – A tutela provisória concedida na sentença não comporta impugnação pela via do mandado de segurança, por ser impugnável mediante recurso ordinário. É admissível a obtenção de efeito suspensivo ao recurso ordinário mediante requerimento dirigido ao tribunal, ao relator ou ao presidente ou ao vice-Presidente do tribunal recorrido, por aplicação subsidiária ao processo do trabalho do artigo

1.029, § 5º, do CPC de 2015. II – No caso de a tutela provisória haver sido concedida ou indeferida antes da sentença, cabe mandado de segurança, em face da inexistência de recurso próprio. III – A superveniência da sentença, nos autos originários, faz perder o objeto do mandado de segurança que impugnava a concessão ou o indeferimento da tutela provisória" (destacamos).

O § 5.º, do art. 1.029, do CPC, mencionado no inciso I, *in fine*, da Súmula n. 414, do TST, contém esta redação: "§ 5º O pedido de concessão de efeito suspensivo a recurso extraordinário ou a recurso especial poderá ser formulado por requerimento dirigido: I – ao tribunal superior respectivo, no período compreendido entre a publicação da decisão de admissão do recurso e sua distribuição, ficando o relator designado para seu exame prevento para julgá-lo; II – ao relator, se já distribuído o recurso; III – ao presidente ou ao vice-presidente do tribunal recorrido, no período compreendido entre a interposição do recurso e a publicação da decisão de admissão do recurso, assim como no caso de o recurso ter sido sobrestado, nos termos do art. 1.037".

Como se percebe, a norma do CPC que acabamos de reproduzir apenas indica a quem o requerimento de concessão de efeito suspensivo ao recurso deve ser dirigido, considerando-se a fase processual. Esse requerimento é de natureza *cautelar*, traduzindo a invocação de tutela provisória de urgência cautelar (CPC, art. 301).

Em termos concretos, somente se pode conceder efeito suspensivo a recurso que tenha sido admitido. Por esse motivo, a Súmula n. 634, do STF, declara não competir a essa Corte Suprema conceder medida cautelar atributivo de efeito suspensivo ao recurso extraordinário *que ainda não foi objeto de juízo de admissibilidade na origem*. A Súmula n. 635, do mesmo Tribunal, esclarece, todavia, competir ao presidente do Tribunal de origem decidir o pedido de medida cautelar em recurso extraordinário *ainda pendente do seu juízo de admissibilidade*".

No sistema do processo do trabalho, a regra é de que os recursos são dotados apenas de efeito devolutivo (CLT, art. 899, *caput*); apesar disso, podem ter efeito suspensivo os agravos de petição e de instrumento, conforme veremos nos capítulos dedicados ao estudo específico desses meios de impugnação aos pronunciamentos jurisdicionais trabalhistas.

3. Efeito expansivo

Este efeito se define segundo as consequências objetivas e subjetivas que o julgamento do recurso possa acarretar. Assim, embora o órgão *ad quem* esteja vinculado à regra do art. 1.013, *caput*, do CPC (*"tantum devolutum quantum appellatum"*), os consectários do julgamento poderão ser mais amplos, por forma a afetar a esfera jurídica de outras pessoas.

Tem-se classificado o efeito expansivo em: a) *objetivo;* e b) *subjetivo.* O primeiro se refere aos atos do processo; o segundo, às pessoas. Subdivide-se, ainda, o efeito objetivo em: a.a.) *interno;* e a.b.) *externo,* levando-se em conta o ato que é atingido pelo julgamento do recurso. Ou seja, o efeito expansivo será *objetivo interno* quando não transpuser os limites da decisão impugnada (ex.: ao apreciar recurso interposto de pronunciamento jurisdicional de mérito, o acórdão acolhe certa preliminar alegada, fazendo com o que o processo se exaura sem resolução da lide. Nesta hipótese, o acórdão se expandiu por toda a sentença, inclusive, sobre pontos não impugnados). Será *objetivo externo* quando se projetar para além dos lindes da decisão recorrida (ex.: agravo de instrumento interposto de decisão denegatória de recurso ordinário, já tendo sido realizados atos executivos. Nesta hipótese, referidos atos ficam sem efeitos, nos termos do art. 520, inciso II, do CPC).

Exemplo de efeito expansivo *subjetivo* seria o recurso interposto por um dos litisconsortes, que beneficiasse os demais – desde que se tratasse, à evidência, de regime litisconsorcial do tipo *unitário.* Pondera, entretanto, Barbosa Moreira que, nesse caso, antes de um efeito, *per se,* parece que convém falar em extensão subjetiva dos efeitos propriamente ditos" (obra cit., p. 206). No que está com inteira razão.

4. Efeito translativo

Vimos que a extensão (horizontalidade) da atividade cognitiva do tribunal, em sede de recurso, está na medida direta do *quanto* constituiu objeto de impugnação. Esta é a regra inscrita no *caput* do art. 1.013, do CPC. Em princípio, portanto, o tribunal somente poderá pronunciar-se acerca dos temas, contidos na decisão, que tenham sido impugnados pela parte. Há, todavia, situações excepcionais, que, além de autorizarem, impõem ao órgão jurisdicional conhecer *ex officio* da matéria, nomeadamente, quando esta é de ordem pública.

O efeito translativo se manifesta, especificamente, nos recursos ordinários, em virtude da amplitude cognitiva dos tribunais, que ele enseja. A sua incidência nos demais recursos é algo rara, em decorrência do requisito do prequestionamento. Visando a formular uma regra pragmática acerca da incidência deste efeito, podemos dizer que ele se traduz na possibilidade de o tribunal apreciar, por sua iniciativa exclusiva, não apenas matérias de ordem pública, como as enumeradas nos arts. 485, § 3.º, e 337, § 5.º, do CPC, mas, também, questões que tenham sido suscitadas e discutidas no processo, ainda que não tenham sido solucionadas, desde que relativas ao capítulo impugnado (CPC, art. 1.013, § 1.º). É relevante observar que essa regra não pode ser aplicada às matérias ou questões já atingidas pela preclusão; sob esse aspecto, é oportuno recordar o disposto no art. 503, do CPC, conforme o qual é defeso à parte discutir no curso do processo questões já decididas, a cujo respeito se formou a preclusão.

Faz-se inevitável, a esta altura, a seguinte indagação: em nome do efeito translativo, poderia o tribunal, ao dar provimento ao recurso ordinário do autor, para declarar a existência de vínculo de emprego com o réu, proceder, ato contínuo, à apreciação dos demais pedidos de mérito (salários, férias, 13.º, horas extras, FGTS etc.)? Nossa opinião sobre o assunto já foi manifestada em p.nas anteriores, deste livro. Em todo o caso, a sua possível vinculação com o efeito translativo faz com que retornemos a ela, agora para examiná-la sob esta óptica específica. Antes disso, devemos trazer à baila uma discussão que se estendeu durante toda a vigência do CPC de 1973. Ocorre que o art. 515, § 1.º, desse Código, autorizava o tribunal a julgar todas as questões suscitadas e discutidas no processo, "ainda que a sentença não as tivesse julgado por inteiro". Fundados nessa dicção do texto legal, muitos juristas se sentiram à vontade para afirmar que o tribunal poderia julgar matérias que não haviam sido objeto de recurso, desde que tivessem sido suscitadas e discutidas no processo. Desde sempre nos opusemos a essa corrente de pensamento.

Sintetizemos as razões jurídicas que nos levaram a adotar essa atitude:

> "Antes de mais nada, devemos reiterar duas observações, de ordem introdutória, que nos parecem fundamentais: a) o art. 515, § 1.º, do CPC, não alude a *pedidos*, e, sim, a *questões*; b) a entender-se que *questões* possuem, aí, o significado de *pedido*, esse dispositivo do CPC: b.a.) acarretaria a supressão de um grau jurisdicional; b.b.) seria incompatível com o processo do trabalho.
>
> a) Efetivamente o que o preceito legal em foco autoriza é o julgamento, pelo tribunal, em grau de recurso ordinário, das *questões* suscitadas e discutidas no processo, ainda que a sentença não as tenha apreciado por inteiro. Ora, o substantivo *questões*, nem mesmo por metonímia, é sinônimo de *pedidos*. A nosso ver, o que o legislador do processo civil fez, com clareza, foi: a.a.) no *caput* do art. 515, enunciar a regra cardeal de que a apelação (recurso ordinário, no processo do trabalho) somente "devolve" ao conhecimento do tribunal a matéria impugnada (*tantum devolutum quantum appellatum*, insistamos), à exceção daquelas que, por serem de ordem pública, autorizam a apreciação *ex officio* (e, nesta exceção, não se encaixa, à evidência, a matéria pertinente à relação de emprego). Logo, a Corte recursal estará impedida de se manifestar sobre pretensões de direito material (*pedidos*) que não tenham sido objeto do recurso, salvo se o pedido for, também, de ordem pública; a.b.) no § 1.º do art. 515 permitir ao tribunal julgar as *questões* não inteiramente examinadas pela sentença impugnada.
>
> *Questões* são certos aspectos, pontos ou fundamentos do pedido. Se, por exemplo, um empregado é demitido por haver praticado duas faltas graves, conforme alegado na contestação, e a sentença, apreciando apenas uma dessas faltas, a acolhe, ensejando, com isso, a que

o empregado interponha recurso ordinário, o tribunal, ao examinar o mérito, poderá não reconhecer a prática da falta grave invocada pela sentença, mas, declarar configurada e comprovada a outra (não apreciada pela decisão de primeiro grau) e, em razão disso, negar provimento ao recurso. Essa segunda falta grave: 1) constitui aspecto do mérito; 2) não fora apreciada pela sentença; 3) se revela como *questão*, para os efeitos do § 1.º, do art. 515, do CPC.

b) O entendimento de que a norma legal referida estaria a aludir a *pedido, b.a)* implicaria a supressão de um grau jurisdicional, pois o tribunal estaria a manifestar-se acerca de temas ou matérias que não foram objeto de apreciação pelo órgão de primeiro grau. É bem verdade que alterações legislativas mais recentes autorizam o tribunal, em situações específicas, a suprimir um grau de jurisdição. Isso ocorre, *e. g.*, no caso do § 3.º, do art. 515, que permite ao tribunal, caso dê provimento ao recurso da sentença que havia extinto o processo sem exame do mérito, julgar, desde logo, a lide caso se verifiquem os requisitos mencionados nessa norma legal. (...) Há outra particularidade relevante a ser destacada. Se o processo foi extinto em decorrência do indeferimento liminar da petição inicial (CPC, arts. 267 e 295), o tribunal, provendo o recurso, não poderia ingressar no exame do mérito, sob pena de nulidade, uma vez que no juízo de primeiro grau não teriam sido formuladas as propostas de conciliação, impostas por lei (CLT, arts. 846, *caput*, e 850, *caput*, parte final); b.b.) a tornaria incompatível com o processo do trabalho, justamente pelas razões expostas no subitem anterior. Sucede que, ao prover o recurso ordinário do autor, para declarar a existência de vínculo de emprego com o réu, e passar, logo em seguida, ao julgamento dos demais pedidos de mérito, o tribunal poderia estar acarretando graves prejuízos às partes, sabendo-se que esse acórdão, por envolver matéria de fato, não poderia ser objeto de recurso de revista, nos termos da Súmula n. 126, do TST. Dessarte, as partes teriam que se conformar com um único pronunciamento jurisdicional desfavorável (quanto aos pedidos decorrentes da relação de emprego: salários, férias, 13.ºs, FGTS, horas extras etc.). Caso, porém, o tribunal, após declarar o vínculo de emprego entre as partes, determinasse o retorno dos autos ao juízo de primeiro grau, para complementar a entrega da prestação jurisdicional, desta segunda sentença as partes poderiam interpor recurso ordinário do tribunal regional, por forma a verem assegurado o direito ao duplo grau de jurisdição.

Não cremos, pois, que o efeito translativo justifique a possibilidade de o tribunal deixar de remeter os autos ao juízo de primeiro grau, para essa finalidade" (*Sistema dos Recursos Trabalhistas*, São Paulo: LTr, 2014, 12. ed., p. 189/190).

A nosso ver, com a vigência do CPC de 2015 deixou de haver espaço para a discussão em torno do assunto. Conquanto o art. 1.013, deste Código, estabeleça que serão objeto de apreciação e julgamento pelo tribunal todas as *questões* suscitadas e discutidas no processo, ainda que não tenham sido solucionadas, lança uma condicionante: "desde que relativas ao capítulo impugnado". Duas conclusões se extraem dessa norma legal: a) as questões devem estar vinculadas à matéria que seja objeto do recurso (portanto, não podem ser apreciadas se a matéria a que se relacionam não fizer parte da impugnação recursal); b) a referência ao "capítulo impugnado" coloca o § 1.º do art. 1.013 em harmonia com o *caput* da mesma norma, que proclama o princípio de que a apelação "devolverá" ao tribunal o conhecimento da *matéria impugnada*" (destacamos).

Conseguintemente, à nossa pergunta formulada há pouco: "em nome do efeito translativo, poderia o tribunal, ao dar provimento ao recurso ordinário do autor, para declarar a existência de vínculo de emprego com o réu, proceder, ato contínuo, à apreciação dos demais pedidos de mérito (salários, férias, 13.º, horas extras, FGTS etc.)?" a reposta só pode ser negativa. Os autos devem ser restituídos ao juízo *a quo*, para que complete o julgamento do mérito, pronunciando-se sobre essas matérias, em relação às quais não o fizera, por haver declarado a inexistência de relação de emprego do autor com o réu.

5. Efeito substitutivo

Este efeito está expresso no art. 1.008 do CPC, segundo o qual, o julgamento proferido pelo tribunal, em grau de recurso, substitui a decisão, naquilo que tiver sido objeto de impugnação.

Uma advertência, no entanto, é necessária: essa substituição somente ocorrerá se o tribunal examinar o *mérito* da causa. Logo, se o tribunal não admitir o recurso, por faltar-lhe quaisquer dos pressupostos subjetivos ou objetivos, inexistirá substituição, motivo por que subsistirá a sentença impugnada. Esta separação de situações é de extrema importância prática, designadamente, com vistas ao exercício da ação rescisória, pois se o tribunal não admite o recurso e a parte dirige a ação rescisória ao acórdão, deverá ser declarada carecedora da ação, uma vez que não possui o indispensável interesse processual: afinal, está a pretender rescindir um pronunciamento jurisdicional que não apreciou o mérito, deixando, ainda, íntegra, a sentença – esta, sim, julgou a lide –, que está a acarretar-lhe os constrangimentos jurídicos que procurou ver dissipados pelo exercício de uma ação rescisória mal dirigida. A Súmula n. 192, item III, do TST, tipifica essa situação como *pedido juridicamente impossível*, o que, sob o ponto de vista doutrinário, é incorreto: o caso é de falta de *interesse processual*. Um pedido somente pode ser considerado juridicamente impossível quando há um *veto* legal à sua formulação em juízo. O inciso IV da referida Súmula também considera juridicamente impossível o pedido de rescisão do julgado em agravo de instrumento que se limita a verificar o eventual desacerto do juízo negativo da admissibilidade do recurso, por entender que não ocorre substituição do acórdão impugnado. No item V, a Súmula afirma que a decisão proferida pela SBDI em agravo regimental, com fundamento na Súmula n. 333, substitui o acórdão de Turma do TST, pois emite juízo de mérito; em razão disso, enseja a sua rescisão pela ação própria.

Se bem refletirmos, veremos que, de modo geral, o efeito substitutivo não é produzido *pelo recurso*, em si, mas, *pelo acórdão* que, em decorrência do recurso, rejulga o mérito.

O efeito substituto do acórdão, em relação à sentença objeto de recurso, demonstra o inveterado equívoco em que incidem os tribunais quando, ao negarem provimento ao recurso, acrescentam frases como: "mantendo-se a sentença recorrida". Ora, mesmo quando se nega provimento ao recurso, a sentença impugnada desaparece do mundo jurídico (permanecendo, apenas, no mundo material), sendo substituída, de maneira automática, pelo acórdão (CPC, art. 1.008). Por mais forte razão, ocorre essa substituição quando o tribunal dá provimento ao recurso, para "reformar" a decisão impugnada. As únicas situações em que a sentença não é substituída pelo acórdão se verificam: a) quando tribunal *não admite* o recurso; b) quanto às matérias da sentença que não foram objeto do recurso. Esta separação de situações é importante para efeito de exercício da ação rescisória. No primeiro caso, só é possível uma ação rescisória: a que se dirige à sentença; no segundo, podem ser ajuizadas duas ações rescisórias: uma, tendo como objeto as matérias da sentença que não foram objeto do recurso; outro, as matérias que foram apreciadas pelo acórdão, em grau de recurso.

Examinemos, agora, o efeito característico dos recursos interponíveis no processo do trabalho.

Segundo dissemos há pouco, os recursos trabalhistas, por expressa disposição legal, possuem efeito meramente devolutivo (CLT, art. 899, *caput*), embora essa norma faça referência às "exceções previstas neste Título". Inserem-se no campo dessas exceções os recursos de agravo de petição e agravo de instrumento.

Antes de os examinarmos, é conveniente observarmos que o recurso de revista também poderia ser dotado de efeito suspensivo. Dispunha o art. 896, § 2.º, da CLT: "Recebido o recurso, *a autoridade recorrida dirá o efeito em que o recebe*, podendo a parte interessada pedir carta de sentença para execução provisória" (sublinhamos); a execução provisória, na hipótese, apenas seria possível se a decisão do juízo *a quo* dissesse que o recurso havia sido recebido em seu efeito somente *devolutivo*. Ulteriormente, contudo, a matéria passou a ser regulada pelo § 1.º, do mesmo art. 896, a teor do qual o recurso de revista é dotado de efeito, apenas, devolutivo. Alterou-se, pois, radicalmente, a raiz legislativa.

No que tange aos recursos de agravo de petição e de agravo de instrumento, declarava a lei (CLT, art. 897, § 1.º) que *não* teriam efeito suspensivo, conquanto facultasse ao juiz sobrestar, quando julgasse conveniente, o andamento do feito, "até julgamento do recurso" (*ibidem*) – isto é, suspendesse a eficácia executiva da sentença. Embora a Lei n. 8.432, de 11 de junho de 1992, haja alterado a redação dos parágrafos do art. 897 da CLT, sem aludir ao efeito dos recursos mencionados, cremos que recepcionou o sistema anterior, ainda que implicitamente, exceto quanto ao agravo de instrumento interposto de decisão denegatória de agravo de petição, que não terá efeito suspensivo (§ 2.º).

Retornemos ao agravo de petição, para repisar o que havíamos asseverado anteriormente: o § 2.º do art. 897, da CLT, em sua redação pretérita, permitia ao juiz atribuir efeito suspensivo a esse recurso, ao estabelecer que deveria remeter os autos ao tribunal competente para julgar o recurso, se houvesse "sobrestado o andamento do feito". Atualmente, em virtude das Leis ns. 8.432, de 11 de junho de 1992, e 10.035, de 25 de outubro de 2000, a matéria se tornou algo dicotômica. Assim afirmamos, em razão do disposto no § 1.º do art. 897, da CLT: "O Agravo de Petição só será recebido quando o agravante delimitar, justificadamente, as matérias e os valores impugnados, permitida a execução imediata da parte *remanescente até o final*, nos próprios autos ou por carta de sentença" (ressaltamos). Isto significa, em termos objetivos, que: a) a parte da decisão que *não* foi impugnada pelo agravo de petição (ou se a impugnação não foi fundamentada) será objeto de execução imediata e *definitiva* ("até o final", declara a Lei, seja nos autos originais, seja em carta de sentença; b) a parte da decisão que *foi* impugnada (fundamentadamente), o foi por meio de agravo de petição, e poderá ser objeto de execução *provisória* – se houver algo a ser executado, considerando-se que teriam sido elaborados os cálculos, realizada a penhora e oferecidos embargos à execução. Logo, neste caso, o agravo de petição estará dotado de efeito *suspensivo*. A não se entender deste modo, seríamos levados a admitir que o legislador teria apresentado ao mundo algo surrealista: a) a parte da sentença resolutiva dos embargos à execução, que não tivesse sido impugnada, seria objeto de execução definitiva – o que está correto; entretanto, a parte impugnada também seria objeto de execução definitiva – o que é inaceitável, sob uma perspectiva lógica e jurídica.

Estatuía a Lei n. 4.725/65, art. 6.º, que sendo a decisão proferida em ação ("dissídio") coletiva, capaz de afetar empresa de serviço público, ou em ação da mesma natureza, promovida de ofício, ou, ainda, em qualquer caso, quando tratar-se de *revisão*, o recurso dela interposto teria efeito *devolutivo*, podendo, entretanto, o Presidente do TST atribuir-lhe efeito *suspensivo* (exceção), mediante requerimento motivado do recorrente (*ibidem*). Posteriormente, a Lei n. 7.701/88 permitiu ao Presidente do TST atribuir efeito suspensivo ao recurso, cujo prazo de suspensão teria eficácia por cento e vinte dias, exceto se o recurso fosse julgado antes do término desse prazo.

Mais tarde, a Lei n. 7.788, de 3 de julho de 1989, dispôs, em seu art. 7.º, que "Em qualquer circunstância, não se dará efeito suspensivo aos recursos interpostos em processo de dissídio coletivo".

Por último, o art. 14, da Lei n. 10.192, de 14.2.2001, estatuiu que "O recurso interposto de decisão normativa da Justiça do Trabalho terá efeito suspensivo na medida e extensão conferidas em despacho do Presidente do Tribunal Superior do Trabalho". A alusão feita ao recurso interposto das decisões proferidas nessa espécie de ação coletiva visou apenas a demonstrar que, nesse caso, pode-se conceder efeito suspensivo ao apelo, a despeito de sabermos que tais decisões normativas, por terem conteúdo meramente constitutivo ou declaratório (jamais condenatório), não se prestam à execução. Entretanto, a Súmula n. 246 do TST dispensa o trânsito em julgado do acórdão normativo para ajuizamento da denominada ação de cumprimento. No mesmo sentido, a Lei n. 7.701/88, art. 7.º, § 6.º.

Via de regra, o recurso admitido em seu efeito imanente, que é o devolutivo, permite a execução provisória da sentença impugnada (CLT, art. 899, *caput*). Em obra específica, procuramos argumentar que a provisoriedade da execução nessa hipótese tem como limite final a avaliação dos bens penhorados, não compreendendo, por isso, o oferecimento de embargos pelo devedor (*Liquidação da Sentença no Processo do Trabalho,* São Paulo: LTr, 5. ed., 1996. p. 172 e segs). Não se justifica, portanto, a praxe, adotada por alguns juízes, consistente em exigir que o devedor, mesmo na execução provisória, ofereça embargos à execução. Ora, essa prática não só é contrária à lei (CLT, art. 899, *caput*), como conduz a uma de duas situações absurdas: ou os embargos são processados e julgados, ou não são. Na primeira hipótese, o julgamento faria com que a parte interpusesse agravo de petição da sentença resolutiva dos embargos, de tal modo que haveria, no tribunal, dois recursos: o ordinário, em cujos autos foi proferida a sentença (processo de conhecimento) que está sendo provisoriamente executada, e o agravo de petição, tendo como objeto a sentença resolutiva dos embargos do devedor. Isso é algo anômalo, pois se a sentença emitida no processo de conhecimento ainda pende de recurso, não se justifica a prática de atos processuais executivos, posteriores à interposição do recurso ordinário, sem que este esteja definitivamente julgado. Se, porém, entender-se que os embargos apresentados na execução provisória não deveriam ser processados, nem julgados, cabe indagar por que motivo, então, se exigiu o oferecimento desses embargos. Nem se diga que a regra inscrita no art. 899, *caput,* da CLT, estaria a pressupor que a penhora – como marco final da execução provisória – deva ter sido julgada subsistente, para que a execução se sobreste aí, e que, para isso, haveria necessidade de os embargos do devedor serem julgados. Não é bem assim. Se se quer definir se a penhora é subsistente, ou não, pode-se admitir embargos restritos a este ato de constrição judicial, sem se ingressar no mérito da execução.

Devendo o recurso ser admitido apenas no efeito devolutivo, mas o juiz atribuir-lhe também o suspensivo, ou, tendo sido admitido no efeito devolutivo, o juiz negar a extração de carta de sentença, o interessado poderá fazer valer o seu direito, em quaisquer desses casos, mediante a impetração de mandado de segurança contra tais atos judiciais. O agravo de petição, embora seja o recurso específico para impugnar decisões proferidas pelo juiz no processo de execução (CLT, art. 897, "a"), não teria eficácia para ensejar, à parte que se sentir prejudicada pelo ato do magistrado, a imediata neutralização dos efeitos do ato causador do dano sofrido. Por isso, temos preconizado, desde muito tempo, o uso da ação mandamental em todas as situações em que ficar configurada a transgressão a um "direito líquido e certo" da parte, e em que o agravo de petição seja ineficaz para fazer cessar, desde logo, a causa da lesão do direito. A correição parcial seria incabível na espécie, pois nenhum dos despachos teria, em rigor, atentado contra a boa ordem do procedimento; o que houve, sim, foi lesão a um direito, líquido e certo da parte, subsumido nos arts. 899, *caput*, da CLT e 520, do CPC, este último de inegável aplicação supletiva ao processo do trabalho (CLT, art. 769).

Se for suspensivo o efeito em que se admitiu o recurso, não se consentirá a prática de qualquer ato executivo. A suspensividade, aqui, não é apenas da decisão, como título judicial exequível (CLT, art. 876), mas de todo o encadeamento de eficácias próprias do pronunciamento jurisdicional.

Não nos parece exato afirmar que o recurso *impede* a execução (definitiva) da sentença, porque as declaratórias e as constitutivas não são mesmo passíveis de execução (valendo aquela como simples preceito).

Por outro lado, são corretas as críticas endereçadas à expressão *efeito suspensivo*, pois esta gera a presunção de que somente a interposição do apelo seja apta para fazer cessar os efeitos inerentes à resolução judicial, como se até antes da interposição esses efeitos estivessem sendo produzidos. Na verdade, a sentença, mesmo antes de ser impugnada, é ato ainda destituído de *eficácia* – que só se manifestará, concretamente, com o trânsito em julgado. Antes deste trânsito, portanto, a sentença pende de condição suspensiva. Dessa forma, o que o recurso provoca nada mais é que um elastecimento, uma ampliação dessa ineficácia.

A oportunidade sugere-nos reiterar que a interposição do recurso não se destina a *impedir* a formação da coisa julgada, mas, apenas, a *retardá-la* ou *adiá-la*.

Se a parte deixar de especificar os capítulos da sentença que está impugnando, não se há que discutir se a devolutibilidade será ampla ou não: o caso é de inadmissibilidade do recurso, por falta de fundamentação. Esta nossa assertiva merece, contudo, uma explicação. Nas edições anteriores deste livro, dissemos que a ausência de delimitação das partes da sentença, que estão sendo impugnadas, conduzia, no processo do trabalho, à presunção de que a impugnação era *total*, diante do disposto no art. 899, *caput*, da CLT. Como, agora, a nosso ver, a presença do advogado é indispensável, também neste processo especializado (Const. Federal, art. 133; Lei n. 8.906/94, arts. 1.º, I, e 2.º, *caput*), a referida norma da CLT já não deve receber uma interpretação larga, pois a sua redação pressupunha a existência do *ius postulandi*, outrora atribuído aos litigantes (art. 791, *caput*). Uma vez mais, entretanto, devemos dizer que esta nossa opinião acabou sendo prejudicada pela liminar concedida pelo STF, na ADI n. 1.127-8/DF, promovida pela Associação dos Magistrados Brasileiros. Por essa liminar, a Suprema Corte suspendeu a eficácia do inciso I, do art. 1.º, da Lei n. 8.906/94, que declarava ser privativa de advogado a postulação a qualquer órgão do Poder Judiciário. Assim, estaria em plena vigência o art. 791, *caput*, da CLT, que comete capacidade postulatória às partes. De qualquer forma, devemos reconhecer que, conforme o entendimento doutrinal predominante, se o recorrente limitar-se a dizer que não se conforma com a sentença que contrariou os seus interesses manifestados na causa, sem, contudo, especificar os capítulos que está impugnando, o recurso não deve ser admitido, pois é razoável supor que a falta de especificação dos pontos atacados revela, na verdade, a ausência das razões jurídicas que levaram a parte a recorrer. Se essas razões constassem do recurso, é certo que se saberia quais os capítulos atacados. Ao contrário do que entendíamos, a doutrina afirma não se poder aplicar, por analogia, à espécie em estudo, o princípio informativo da remessa de ofício, que, como se sabe, produz uma ampla devolução, ou seja, de todas as partes da sentença que foram desfavoráveis à Fazenda Pública, ou, em geral, às pessoas jurídicas mencionadas pelo Decreto-lei n. 779/69. Essa inaplicabilidade, no particular, decorre não só de traduzir, a remessa *ex officio*, uma prerrogativa dessas entidades, como do fato de não se poder colocar o interesse particular no mesmo plano do interesse público. Demais, remessa *ex officio* não é recurso, embora o Decreto-lei n. 779/69 assim o considere. Só este se subordina ao comando dos arts. 1.002 e 1.013, *caput*, do CPC.

Quanto ao recurso *ordinário* (CLT, art. 895), em especial, que corresponde ao de apelação no processo civil (CPC, art. 1.009), a sua interposição "devolve" ao conhecimento do tribunal a matéria *impugnada*; esta é a regra do art. 1.013, *caput*, do CPC. Pode-se estabelecer, portanto, que a quantidade de devolução está na medida do tanto que se impugnou: *tantum devolutum quantum appellatum*. O § 1.º dessa norma autoriza a apreciação e julgamento pelo tribunal de todas as questões suscitadas e discutidas no processo, ainda que não tenham sido solucionadas, *desde que relativas ao capítulo impugnado*. Sobre esse assunto, pudemos discorrer em linhas anteriores, deste livro, no item pertinente ao *efeito translativo* dos recursos.

Em linha de coerência com o que até esta parte expusemos, entendemos que o órgão *ad quem*, ao reformar a sentença recorrida, que proclamara a *prescrição extintiva total* dos direitos deduzidos em juízo pelo autor, não deve examinar os pedidos contidos na peça inaugural, e sim determinar o retorno dos autos ao órgão *a quo*, para que o faça.

Se, por outro lado, o tribunal desse provimento ao recurso para declarar, *v.g.*, a nulidade do processo por invalidade da citação inicial (não se contaminando desse vício apenas a petição vestibular), é certo que não poderia adentrar no exame da lide para proferir uma decisão substitutiva da anterior; se o fizesse, *estaria piorando* ainda mais a situação do réu recorrente (*reformatio in peius*) pois este, anulado o processo, nem sequer poderia formular a sua defesa, em face dos fatos e dos pedidos deduzidos pelo autor-recorrido. Nessa hipótese, como é curial, a Corte de revisão deverá também ordenar o retorno dos autos ao juízo de origem, a fim de que reinstaure o procedimento a partir, exclusive, da inicial e profira, ao final, nova sentença, atendido o princípio do *due process of law*.

Seria compatível com o processo do trabalho a regra inscrita no § 3.º, do art. 1.013, do CPC? Em termos, sim. Esta nossa resposta está a pressupor que tenha sido atendido o requisito estabelecido na própria norma legal em exame, qual seja, o processo estar em condições de imediato julgamento. Reiteremos, porém, uma observação feita em linhas anteriores: se o processo foi extinto sem exame do mérito, sem que o juiz tivesse formulado as propostas de conciliação exigidas pelos arts. 764, 846 e 850, da CLT, é evidente que sob a singular perspectiva do processo do trabalho a causa *não estava em condições de imediato julgamento*. A única providência que caberia ao tribunal adotar, no caso de dar provimento ao recurso para afastar a causa que levara à extinção do processo sem resolução do mérito, consistiria em determinar o retorno dos autos ao juízo *a quo*, para este prosseguisse com o processo, em direção ao exame do mérito, cuidando, nesse mister, de atender aos princípios constitucionais da ampla defesa, do contraditório e do devido processo legal e, por certo, as determinações dos precitados arts. 764, 846 e 850, da CLT.

Na hipótese (algo infrequente, na prática), de o autor ajuizar uma ação *exclusivamente declaratória* da existência de relação de emprego e a decisão inferior vier, ao contrário, a proclamar a *inexistência* dessa relação, é evidente que a eventual reforma da sentença também não autorizará o tribunal a ir além desse limite por absoluta falta de outros pedidos na peça vestibular.

Caso o empregado tenha indicado *mais* de um fundamento para o pedido feito na ação, e a sentença acolhê-lo apenas por um deles, o recurso que dessa decisão vier a ser interposto devolverá ao tribunal o conhecimento de *todos* os fundamentos. Poderá acontecer, até mesmo, de nesse julgamento o órgão *ad quem* "manter" a sentença, embora por fundamento diverso daquele que fora por ela expressamente invocado. Colocamos aspado o verbo *manter*, porque, na verdade, quando o tribunal julga o mérito, ele *substitui* a decisão recorrida (CPC, art. 1.008), mesmo se negar provimento ao recurso. As únicas possibilidades de a sentença ser mantida ocorrem quando: a) o recurso não for admitido; b) o recurso, pertinente ao mérito, for parcial. Neste caso, a sentença fica mantida quanto aos seus capítulos que não foram objeto do recurso.

Se o réu construiu a sua contestação sobre dois fundamentos e o pronunciamento de primeiro grau acolheu somente um deles (rejeitando, em consequência, os pedidos formulados pelo autor), o recurso que o vencido interpuser submeterá ao reexame do tribunal *ambos* os fundamentos. Esta particularidade, aliás, fará com que eventual impugnação do vencedor (réu) à sentença, na parte em que rejeitou um dos fulcros da defesa, deixe de ser conhecida por falta de interesse do recorrente. Interesse, em sua acepção técnico-processual.

Não nos esqueçamos de que o pressuposto para a incidência do § 1.º do art. 1.013 do CPC é que as *questões* a serem apreciadas e devolvidas pelo tribunal tenham sido *suscitadas* e *discutidas* nos autos. Dessa maneira, o recurso interposto pelo revel não poderá versar sobre matéria de mérito, sob pena de supressão de grau jurisdicional. É oportuno observar, aliás, que revel é a pessoa que não apresenta contestação; desse modo, pretender, o réu revel, impugnar no recurso a sentença quanto ao mérito seria tentar transformar, arbitrariamente, o recurso em sucedâneo da contestação. O que o revel deve buscar, no recurso, é a elisão do seu estado de revelia, ou seja, valer-se de argumentos (e, até mesmo, de documentos) destinados a demonstrar o motivo pelo qual deixou de oferecer contestação no prazo legal. Provido o recurso, e afastada a revelia, os autos deverão retornar ao órgão *a quo*, a fim de apreciar o mérito "como entender de direito"- segundo a fórmula clássica que sói ser utilizada em tais situações.

A mesma razão jurídica impede que se devolva ao conhecimento do Colegiado de segundo grau aquelas questões (ou fatos) que não tenham merecido contrariedade específica do réu, na oportunidade de sua resposta. Dá-se que este, ao não se manifestar sobre tais fatos, fez com que eles fossem presumidos verdadeiros; a presunção, a propósito, decorre de previsão legal (CPC, art. 341, *caput*). Logo, como esses fatos não foram *discutidos*, não se submetem ao reexame pelo órgão *ad quem*, segundo a regra do § 1.º do art. 1.013 do CPC. É elementar, todavia, que a devolutibilidade ocorrerá se eles forem objeto de impugnação expressa *no recurso*. Nesse caso, atua a norma inserta no *caput* do precitado artigo, que fixa a quantidade de devolução segundo o tanto que tenha sido impugnado pelo recorrente.

A propósito do disposto no art. 1.013, § 3.º, do CPC, é relevante chamar a atenção ao fato de que o exame do mérito, pelo tribunal, poderá acarretar *reformatio in peius*. Exemplifiquemos. Em causa versando, unicamente, matéria de direito, a sentença extingue o processo, sem exame do mérito, por entender que o autor é parte ilegítima e, em consequência, carecedor da ação. Este recorre, e o tribunal, dando provimento ao recurso, para afastar a declaração de ilegitimidade ativa, julga, de imediato, o mérito, rejeitando os pedidos formulados na inicial, ou seja, decidindo contra o próprio autor, por forma a caracterizar uma espécie de julgamento para pior (*reformatio in peius*). Este é um risco a que o autor estará sujeito. Por isso mesmo, pensamos que o julgamento do mérito, na forma do mencionado dispositivo do processo civil, só será possível se houver requerimento expresso do recorrente quanto isso. Permitir que o tribunal julgue o mérito *ex officio* será submeter o recorrente ao grave risco de ver empiorada a sua situação processual.

Capítulo XXIX

AS QUESTÕES DE FATO NÃO PROPOSTAS PERANTE O ÓRGÃO DE PRIMEIRO GRAU

Ao invocar a prestação da tutela jurisdicional do Estado, deve o autor narrar, logo na inicial, os fatos em que fundamenta a sua pretensão. Razões éticas e jurídicas determinaram a exigência de que a causa de pedir fosse indicada já naquela peça de instauração do processo (CLT, art. 840, § 1.º; CPC, art. 282, III). Razões de ordem constitucional, ligadas às garantias do contraditório, da ampla defesa e do devido processo legal reforçam essa exigência. O princípio da imutabilidade da *causa petendi* (que se relaciona com o da estabilidade da lide), por outro lado, torna proibido ao autor modificar os fatos alegados, exceto se o réu nisso consentir (CPC, art. 329, II). Tendo o réu, porém, apresentado contestação, o autor apenas poderá deduzir novas alegações quando: a) forem relativas a direito superveniente; b) competir ao juiz delas conhecer de ofício; c) por expressa autorização legal puderem ser formuladas em qualquer tempo e grau de jurisdição (CPC, art. 342, I a III).

É bem verdade que a lei permite ao juiz levar em consideração – seja *ex officio*, seja a requerimento da parte –, no momento de proferir a sentença, qualquer fato constitutivo, modificativo ou extintivo do direito, surgido após a "propositura" da ação, contanto que esse fato seja capaz de influir no julgamento da lide (CPC, art. 493). Mesmo assim, só se admite o acolhimento do fato superveniente se ele não provocar alteração da causa de pedir e do consequente pedido. Há que se dar preeminência ao princípio da estabilidade da lide.

Em resumo, todas as questões de fato devem ser deduzidas não somente no juízo de primeiro grau, mas no momento procedimental oportuno.

Dispõe, contudo, o art. 1.014 do CPC que as questões de fato não propostas no juízo inferior apenas poderão ser suscitadas no recurso se a parte provar que deixou de fazê-lo por motivo de força maior. Trata-se, como se vê, de regra excepcional, cuja aplicação se subordina ao pressuposto da força maior, que deve ser provada pelo recorrente. Incumbe ao recorrente o ônus da prova quanto ao motivo de força maior. A norma do art. 1.014 do CPC guarda simetria com o art. 493, do mesmo Código.

A lei pode atribuir duas finalidades ao órgão de apelação: a) a de propiciar um amplo reexame da causa (*novum iudicium*); b) a de atuar como instância de controle da correção das decisões do juízo inferior (*revisio prioris instantiae*). No primeiro caso, solicita-se ao órgão *ad quem* que realize, com liberdade, a tarefa de reconstrução, embora nesse mister não possa extravasar os limites demarcados pelo recurso; no segundo, pretende-se que a atividade do tribunal seja realizada mediante a utilização do material já posto à sua disposição pela sentença impugnada.

Em nosso meio, predominou, até certo período, o sistema que consagrava a apelação como um *novum iudicium*, a despeito dos inúmeros inconvenientes que ele acarretava, sendo um dos mais graves o estímulo à deslealdade processual, pois a parte, sabendo que a decisão final seria do órgão de reexame, preferia apresentar seus melhores argumentos e as melhores alegações perante este, surpreendendo, dessa forma, a parte contrária. O primeiro código nacional de processo civil, entretanto, influenciado pela legislação austríaca, deu cobro a essa situação, como atestava o § 1.º do seu art. 824, que foi reproduzido, com pequenas nuanças de literalidade, pelo art. 1.014 do atual CPC.

Este último dispositivo, convém ressaltar, não versa sobre a devolutibilidade da matéria impugnada como efeito inerente aos diversos meios recursais, porquanto seria insensato cogitar-se da devolução daquilo que nem sequer foi apresentado e apreciado pelo juízo inferior; cuida ele, ao contrário, de certos fatos que são suscitados pela primeira vez nos autos e, ainda assim, na fase de interposição do recurso, cabendo, por isso, ao órgão *ad quem* realizar o *primeiro* pronunciamento jurisdicional sobre os mesmos.

Cabe esclarecer que não são atingidos pela proibição legal de inovar em grau de recurso as questões de direito e as de fato sobre as quais poderia o órgão *a quo* manifestar-se de ofício. Sucede que as questões ditas de *direito* (ou essencialmente jurídicas) podem ser examinadas em qualquer fase do procedimento e em qualquer grau de jurisdição, *ex officio* ou por iniciativa da parte; já as de fato, que mencionamos, são aquelas que o juízo de primeiro grau poderia examinar *sponte sua*, como se dá com as *questões* mencionadas no § 1.º do art. 1.013 do CPC.

Não são atingidas pelo art. 1.014 as questões de fato que vierem a ser suscitadas pelo terceiro, ao ensejo do recurso interposto; o motivo é óbvio: não tendo o terceiro participado do processo até aquele momento, apenas poderia propor questões de fato (e mesmo jurídicas) quando de sua primeira intervenção nos autos, que ocorreria na oportunidade da impugnação da sentença que afetou o seu círculo jurídico.

Vimos que a proibição de inovar em grau de recurso, como princípio processual, é excepcionada por motivo de força maior; impende, então, que formulemos um conceito de força maior. Podemos tê-la como todo fato inevitável, a que a parte não deu causa, que a impediu de praticar determinado ato processual, no prazo fixado pela lei ou assinado pelo juiz. Desta maneira, configurar-se-á a força maior processual sempre que: a) o fato era inevitável;

e desde que b) a própria parte que o invocar não lhe tenha dado causa, direta ou indiretamente, voluntária ou inadvertidamente. O conceito de força maior, segundo a óptica do processo, é mais amplo que o de força maior material. A CLT conceitua a força maior material como "todo acontecimento inevitável, em relação à vontade do empregador, e para a realização do qual este não concorreu, direta ou indiretamente" (art. 501, *caput*).

O art. 223, do CPC, afirma que, decorrido, o prazo, extingue-se o direito de praticar ou de emendar o ato processual, independentemente de declaração judicial, ficando assegurado, contudo, à parte provar que não o realizou em razão de *justa causa*, considerada como "o evento alheio à vontade da parte e que a impediu de praticar o ato por si ou por mandatário" (*ibidem*, § 1.º). Em essência, os conceitos processuais de *força maior* (CLT) e de *justa causa* (CPC) se equivalem.

Observe-se, porém, que em outras situações o próprio CPC alude à *força maior*, como no art. 1.014.

O motivo de força maior pode relacionar-se a fato existente antes da prolação da sentença ou que somente surgiu *após* esta. No primeiro caso, ou o fato era do conhecimento da parte (que, todavia, dele não pôde dar ciência ao juízo de primeiro grau por qualquer razão ponderável), ou não o era. Em qualquer hipótese, esse motivo deve ser alegado e provado pela parte a quem aproveita, seja a recorrente, seja a recorrida.

Se a prova do motivo de força maior for documental, caberá ao interessado instruir as razões ou contrarrazões de recurso com os documentos necessários; essa juntada encontra amparo na Súmula n. 8 do TST. É importante alertar que, efetuada a junção, a parte adversa deverá ser ouvida no prazo de quinze dias, atendendo-se assim a regra do art. 437, § 1.º, do CPC. A admissão de documentos na fase recursal não impede que a parte, contra a qual foram produzidos, os argua de falso, também no prazo de quinze dias (CPC, arts. 430 e 436, III). O incidente, nesta hipótese, será processado perante o relator, de acordo com o procedimento traçado pelos arts. 430 a 433 do CPC e pelo regimento interno do órgão *ad quem*.

À falta de previsão legal específica, entendemos que se deve aplicar aos demais meios de prova (testemunhal, pericial), por analogia, a disposição do art. 972 do CPC, que trata da ação rescisória. Deste modo, se os fatos alegados pelo recorrente ou pelo recorrido dependerem de prova, o relator delegará, mediante carta de ordem, a competência instrutória ao juízo *a quo*, onde a prova deverá ser produzida, cuidando de fixar o prazo que mediará de um a três meses para a devolução dos autos, a fim de que o recurso seja incluído em pauta, para julgamento. Duas observações são necessárias, a respeito do assunto. Primeiramente, a conversão do julgamento em diligência (para efeito de produção de prova perante o juízo de primeiro grau) não é ato do relator, individualmente considerado, mas *do tribunal*; em segundo lugar, o juízo de admissibilidade *a quo* não pode indeferir a juntada de documento tendente a provar o motivo de força maior dado que a sua competência está restrita ao exame dos pressupostos objetivos do apelo. O conhecimento, ou não, dos documentos juntados às razões ou contrarrazões do recurso se insere no elenco de atos da competência privativa do órgão *ad quem*, que também funciona como juízo de admissibilidade.

Nem mesmo seria lícito ao juízo inferior denegar o apelo interposto sob o fundamento de que o recorrente está inovando, desautorizadamente, a lide; ainda que o referido juízo estivesse, em tese, com razão, o exame desse fato está reservado ao órgão *ad quem*.

Advirta-se, por fim, que o tribunal não pode conhecer de *fato novo*, que não se abrigue no art. 1.014 do CPC, ainda que as partes hajam consentido nisso; é que a cognição jurisdicional do órgão de reexame está adstrita ao que foi objeto de impugnação (ressalvado o caso do § 1.º do art. 1.013 do CPC): *"Iudex appellationis non potest cognoscere de novo deducto omnino diverso a deductis in primo iudicio, quia habet iurisdictionem restrictam as deducta in prima instantia", estabelece o vetusto apotegma latino.*

Capítulo XXX

AS NULIDADES ARGUIDAS NO RECURSO

É na interposição do recurso que o litigante encontrará a oportunidade para dirigir-se ao tribunal, requerendo, quando for o caso, a declaração de nulidade de um ou mais atos do processo. A nulidade poderá atingir a própria sentença impugnada, ou ato anterior a ela. O nulo processual que se alega, por outro lado, pode referir-se a ato praticado, ou decorrer de ato que, devendo ser realizado, não o foi.

Embora tenhamos dito ser no recurso que a parte encontrará ensancha para buscar um pronunciamento superior de nulidade processual, é conveniente esclarecer que quando se tratar de ato *anterior* à sentença, a parte deve deixar já manifestada a sua discordância em relação a ele, sob pena de preclusão, em certas hipóteses. Admitamos, p. ex., que na audiência de instrução o juiz tenha indeferido a inquirição de uma das testemunhas do autor: para que este, se vencido mais tarde, possa arguir a nulidade do processo por restrição ao direito de produzir prova é imprescindível que tenha manifestado a sua discordância a esse indeferimento no ensejo das razões finais (CLT, art. 850, *caput*). Se não o fizer nesse momento, precluirá o seu direito de invocar o fato em grau de recurso. Estamos diante do princípio da *transcendência*, corporificado nos arts. 794 e 795, *caput*, da CLT, e 282, § 1.º e 278, *caput*, do CPC, segundo o qual só haverá nulidade do ato se este acarretar manifesto prejuízo à parte, devendo a nulidade ser alegada na primeira vez em que a parte tiver de falar nos autos ou em audiência, pena de preclusão. Certamente que o princípio mencionado não incidirá quando a nulidade for daquela que ao juiz incumba declará-la de ofício, ou a parte provar o legítimo impedimento para a realização do ato, a que estava obrigada (CPC, art. 278, parágrafo único).

A praxe judiciária e a própria jurisprudência fixaram o entendimento de que a parte, para resguardar-se de eventual efeito preclusivo, deve externar o seu *protesto* imediatamente à prática de um ato que repute causador de nulidade processual, sob sanção de não poder alegá-la no recurso que interpuser da sentença. Essa exigência, entretanto, não é justificável para a generalidade dos casos. É bom lembrar que esse "protesto antipreclusivo", não raro, é utilizado como sucedâneo do extinto agravo no auto do processo, existente no texto do CPC de 1939 (art. 851, II). Tomando-se o exemplo anterior, em que o juiz indeferiu, na audiência de instrução, a inquirição de uma testemunha, podemos asseverar, sem receio de erro, que o "protesto" não seria admissível, porquanto a parte interessada encontraria nas *razões finais* o momento processual oportuno para dizer da sua discordância do ato judicial – arguindo, em consequência, a nulidade do processo. Enfim, qualquer ato realizado *em audiência* (mesmo que na *inicial*, para os juízos que adotam o fracionamento), com o qual a parte não concorda, ensejaria a arguição de nulidade na fase específica e apropriada das *razões finais*, sendo de rejeitar-se, por isso, os conhecidos "protestos", bem assim os requerimentos para que constem da ata.

O *protesto* só se justificaria, por princípio, quando o ato inquinado de nulo fosse realizado *fora* da audiência como se daria, p. ex., com a juntada de documentos, com o exame pericial, com a inspeção judicial etc.; nesses casos, a parte que se sentisse prejudicada o formularia na primeira ocasião que tivesse de falar nos autos (CLT, art. 795, *caput*; CPC, art. 278, *caput*).

Reconhecemos, entretanto, que o fracionamento da audiência (em inicial, instrução e julgamento), colocado em prática pela maioria dos juízes, acabou por fazer com que as partes não se sentissem seguras para aguardar a realização da segunda audiência (instrução), a fim de, nas razões finais, alegarem nulidade. Os próprios juízes, em diversos casos, contribuíram para essa insegurança. Assim dizemos, porque, muitas vezes, o ato causador da nulidade era praticado na audiência dita inicial, sendo que a parte, que não concordava com esse ato judicial, aguardava a realização da segunda audiência, para, nas razões finais, formular a sua arguição de nulidade. Ocorre que, em situações como essas, os juízes afirmavam estar precluso o direito da parte, porquanto a nulidade deveria ter sido alegada na audiência anterior, inicial. Por esse motivo, os litigantes passaram a formular, sob a forma de peculiar "protesto", a arguição de nulidade, imediatamente à prática do ato judicial com o qual não concordavam. É desse modo que, em geral, as coisas se passam, na atualidade. Assim, o "protesto antipreclusivo" como criatividade da praxe, imposta por certas circunstâncias, acabou por fincar raízes profundas no cotidiano forense, de tal modo que já não se pode negar a sua utilização, nem a sua legitimidade. O protesto, aliás, passou de *tolerado* a ser *exigido* pela própria jurisprudência, como forma de evitar a preclusão. É necessário lembrar que temos, hoje, dois processos: o da lei e o da praxe; e o "protesto", a que nos referimos, pertence ao segundo. Negar a existência de um procedimento instituído pela praxe equivale a negar a realidade. Faz lembrar, de algum modo, a alegoria (mito, para alguns) da caverna, de Platão, em que as pessoas que viviam no interior desta imaginavam que as sombras projetadas nas paredes da caverna eram a única realidade – ignorando, assim, a existência das pessoas cujas sombras eram ali vistas.

Outra emanação característica do processo da praxe é a apresentação da resposta do réu (exceção, contestação, reconvenção) por escrito, quando, segundo o sistema do processo da lei (*due process of law*) deveria ser formulada oralmente (CLT, art. 847). É conveniente observar, por outro lado, que o processo da praxe possui vantagens e desvantagens, ou seja, méritos e deméritos. O mérito reside na sua plasticidade, que o permite atender, com rapidez, às novas e sempre crescentes exigências da realidade concreta (sob este aspecto, o processo da lei é ineficaz, em face de sua rigidez); o demérito está na falta de uniformidade, pois poderão existir, em tese, tantos processos da praxe quantos são os juízes (sob este ângulo, o processo da lei apresenta certa uniformidade), instaurando assim, uma insegurança jurídica no espírito dos jurisdicionados. Sopesando-se, entretanto, os prós e os contras do processo da praxe, não podemos deixar de reconhecer que o prato da balança propende para os prós. Afinal, se o direito existe para atender aos fatos da vida, e se a vida é dinâmica, não se poderia conceber a ideia de que o direito não devesse acompanhar, de perto, essa dinâmica.

Se a alegação de nulidade for dirigida à própria sentença impugnada (por estar destituída, *v.g.*, de fundamentação), é evidente que a arguição deverá ser feita apenas em grau de recurso, mesmo que anteriormente a isso o recorrente haja oposto embargos de declaração por qualquer dos fundamentos legais, com o propósito de sanar falha de expressão formal do juízo, sem, contudo, ferir o problema da nulidade; nem o poderia, porquanto os embargos declaratórios não constituem, teleologicamente, instrumento adequado para encaminhar alegações dessa natureza. Não há, na espécie, *omissão* da sentença e sim sua *nulidade*, por desrespeito à ordem legal (CLT, art. 832, *caput*; Const. Federal, art. 93, IX).

Em tema de nulidade processual é absolutamente imprescindível que não se deixe de fazer referência àqueles princípios informativos do sistema – por nós denominados de *temperadores* das nulidades – aos quais sempre deverão ser submetidas as arguições dessa natureza. É aconselhável, portanto, que os examinemos.

1. Princípio da transcendência

Constitui, verdadeiramente, a viga-mestra de toda a estrutura de moderação ou de impedimento da declaração de nulidade. Por ele se diz não haver nulidade sem manifesto prejuízo à parte que a alega (*pas de nullité sans grief*, segundo a expressão francesa conhecida) e que a nulidade deve ser alegada na primeira oportunidade em que a parte tiver de pronunciar-se nos autos ou em audiência – ressalvados os casos em que o juiz deva decretar *ex officio* a nulidade e os de legítimo impedimento de a parte para alegá-la (CPC, art. 278, parágrafo único). A sede legal do princípio em exame são os arts. 794 e 795, *caput*, da CLT, e 278, *caput*, e 282, § 1.º, do CPC. Por outras palavras, significa, em essência, que o prejuízo é a *medida* da nulidade; sem aquele, esta é nenhuma.

Particularmente, a regra inscrita nos arts. 795, *caput*, da CLT, e 278, *caput*, do CPC, possui base lógica. Realmente, o vocábulo "processo" traz, em si, sob o aspecto etimológico, a noção de "marcha à frente", de "seguir adiante". Sendo assim, concebeu-se a figura da *preclusão* para evitar a volta a fases anteriores do procedimento, para impedir-se o *retrocesso*. Por esse motivo, se a parte deixar de arguir a nulidade, na primeira ocasião em que tiver de falar nos autos ou em audiência, estará configurada a preclusão "temporal", que a impedirá de alegar, mais tarde, a nulidade, perante o tribunal. Que a impedirá, enfim, de alegar a nulidade na mesma relação processual. Talvez, somente em sede de ação rescisória possa vir a obter a nulificação do processo.

Falemos do *prejuízo*, como o elemento nuclear do princípio da transcendência, para esclarecer que ele pode ser *imediato* ou *diferido*. No primeiro caso, o prejuízo é perceptível desde logo, no segundo, somente surgirá tempos depois da prática do ato judicial. O prejuízo diferido está imbricado com uma das condições da ação: o interesse processual. Digamos, *e.g.*, que o juiz tenha indeferido algumas reperguntas feitas por uma das partes, embora não devesse fazê-lo, em razão de elas serem oportunas, pertinentes e relevantes para a elucidação dos fatos controvertidos. No momento oportuno, a parte argui a nulidade processual a partir do instante em que ocorreram ditos indeferimentos. A sentença, porém, é totalmente favorável à parte que teve rejeitadas as suas reperguntas. Nessa hipótese, o ato do juiz, consistente no mencionado indeferimento, não acarretou, no final, nenhum prejuízo à parte, pois as suas pretensões foram acolhidas, por inteiro, pelo provimento jurisdicional. Logo, inexistiu qualquer nulidade. Conquanto reconheçamos que, por força de princípio, o interesse em recorrer esteja subordinado ao fato de a parte ficar vencida na causa – de tal arte que se ela for vencedora não possuirá, em tese, interesse em impugnar a decisão –, devemos ponderar que há situações, reveladas pelas experiências da vida, que sugerem abrir-se uma exceção a esse princípio, sem invalidá-lo. Imaginemos que o empregado tenha pretendido produzir prova testemunhal, destinada a demonstrar a veracidade da jornada de trabalho mencionada na petição inicial, e contestada pelo réu, e o juiz, por qualquer motivo, haja indeferido a produção dessa prova, fazendo com que o empregado manifestasse seu "protesto" ou arguisse a nulidade processual no momento das razões finais. A sentença, todavia (e de forma surpreende), é favorável ao empregado, acolhendo integralmente o seu pedido de horas extras ao fundamento de que, não havendo, o réu, juntado aos autos os registros da jornada (a que estava obrigado, por possuir mais de dez empregados), presume-se verdadeira a jornada indicada na inicial. Trata-se, à evidência, de uma tese. Diante disso, o empregado poderia interpor recurso, visando a obter uma declaração de nulidade da sentença, por restrição ao direito de defesa, consistente no ato pelo qual o juiz o impediu de produzir prova testemunhal. É evidente que o episódio, narrado sem maiores explicações, poderia parecer aos olhos dos pensadores ortodoxos algo surrealista, pois – haver-se-ia de indagar – que interesse possuiria o empregado, neste caso, uma vez que foi totalmente vencedor na causa? Eis a questão. Ocorre que, a deixar a situação como estava, o empregado poderia ver a sentença ser modificada pelo tribunal, em decorrência de recurso interposto pela parte contrária, cujo acórdão repeliria a tese adotada pela sentença, diria da absoluta ausência de prova quanto à jornada de trabalho aludida na inicial, e declararia indevidas as horas extras. Justamente para evitar isso, é que o empregado, mesmo tendo sido vencedor em primeiro grau, possuiria interesse em recorrer da sentença, para, obtendo uma declaração de nulidade do processo, poder produzir a prova testemunhal de que dispunha e, deste modo, ensejar a que o acolhimento do seu pedido de horas extras, pela nova sentença, se funde em prova efetiva, cabal, por forma a permitir que a sentença favorável possa, agora, resistir a uma impugnação via recurso ordinário.

Uma sentença sem fundamento, por exemplo, que tenha sido inteiramente favorável ao autor, deverá ter a sua nulidade pronunciada, pois a motivação traduz elemento essencial para a validade desse ato jurisdicional e sua exigência vem da própria Constituição da República (art. 93, IX). Expliquemo-nos melhor. Na hipótese, poderá o próprio autor arguir a nulidade da sentença, embora tenha sido vencedor na causa. O seu interesse processual (CPC, art. 17) reside na possibilidade de a parte contrária recorrer pelo mesmo motivo, ou, até mesmo, ingressar, mais tarde, com ação rescisória, com fulcro no art. 966, V, do CPC. O recurso do autor poderá ser autônomo ou adesivo, conforme seja o caso.

O importante a ser registrado é o fato de o princípio da *transcendência* não poder atuar quando a norma violada expressar um interesse público; inversamente, esse princípio poderá — e, sobremaneira, deverá — atuar quando a norma desrespeitada for daquelas que tutelam, essencialmente, interesses particulares. Sob esse ângulo, inexistirá razão jurídica ou política para decretar-se a nulidade de um ato que não trouxe nenhum prejuízo manifesto, direto ou indireto, mediato ou imediato, para a parte que a alega. Ressalve-se, apenas, o seu interesse processual nas situações em que, como demonstramos, o prejuízo poderá não se exteriorizar de imediato, mas somente, algum tempo depois (prejuízo diferido). O que a norma legal exige é a configuração de *manifesto* prejuízo, significa dizer, que seja evidente, concreta, que salte aos olhos.

2. Princípio da instrumentalidade

Embora a lei prescreva determinada forma, sem a cominação de nulidade para o caso de inobservância, valerá o ato se, praticado de modo diverso, alcançar a mesma finalidade (CPC, arts. 277 e 188).

Este princípio consagra, ainda que implicitamente, o reconhecimento de que as formas processuais não são um fim em si mesmas, mas, sim, meros meios de atribuir legalidade extrínseca aos atos do procedimento. O processo do trabalho, em nome de sua ontológica simplicidade, deve aceitar, sem restrições, esse salutar princípio que vem do processo civil.

Na prática, felizmente, isso já vem ocorrendo.

Basta ver que a defesa do réu, por lei, deve ser aduzida *oralmente*, pois o art. 847 da CLT lhe defere o tempo de vinte minutos para isso; nada obstante, as defesas, como soem acontecer, são apresentadas por escrito, sem que se saiba de arguições de nulidade, efetuadas pelos autores, pela não observância da *forma legal* (oral). Ainda que a arguição fosse feita, haveria de ser rechaçada em decorrência da invocação do princípio que estamos a examinar. A propósito, a razão pela qual se constituiu a praxe de aceitar defesas escritas é elementar: essa forma interessa não só ao réu, mas ao próprio juiz. Ao réu, porque prefere elaborar, previamente, a resposta, em seu escritório, cercado de todos os recursos tecnológicos que a informática lhe propicia, inclusive, quanto a coletâneas de jurisprudência e de doutrinas, a fazê-lo, oralmente, em meio à algaravia e à turbulência que caracterizam as audiências trabalhistas; ao juiz, porque economiza tempo, bastando ver que não necessita conceder vinte minutos para cada réu elaborar a defesa, fato que faria com que a pauta contivesse um número de audiências muito inferior ao que é, usualmente, nela inserido.

O mesmo fenômeno vem ocorrendo quanto às *razões finais*, que passaram a ser apresentadas, com a tolerância de alguns juízes, sob a forma de memoriais escritos, por influência do processo civil (CPC, art. 364, § 2.º). Pessoalmente, temos certa restrição a isso, por entendermos que as razões finais orais não podem ser *substituídas* por memoriais escritos, pois aquelas devem ser aduzidas em audiência (CLT, art. 850, *caput*), ao passo que estes, em regra, são apresentados na secretaria do juízo; logo, depois de a segunda proposta de conciliação haver sido formulada — circunstância que assinala o sentido tumultuário do procedimento, de que se reveste essa prática inovadora. O que se poderia permitir é a apresentação de memoriais, sem prejuízo de serem formuladas, antes, de maneira oral, razões finais.

Cumpre advertir, contudo, que a nulidade deverá ser pronunciada se a inobservância da forma prescrita em lei acarretar manifesto prejuízo a uma das partes, ou, eventualmente, a ambas, ou, ainda, implicar uma injustificável discriminação processual, como quando, p. ex., o juiz exigir que o autor apresente as suas razões finais, oralmente, em audiência, permitindo, no entanto, ao réu oferecer memorial escrito, posteriormente à audiência, ou seja, em prazo maior. Neste caso, teria ocorrido quebra do dever de imparcialidade, a que o magistrado está subjugado, por força do disposto no art. 139, I, do CPC.

Excluídas situações como a narrada, que evidenciam tratamento judicial anti-igualitário, a observação mais importante a ser feita, a respeito do assunto com o qual estamos a nos ocupar, é de que o processo do trabalho não deve ser visto como o "reino das formas", título que, talvez, possa calhar bem ao processo civil, menos preocupado com a informalidade e a simpleza dos atos do procedimento. A *forma* é algo que atende aos anseios de segurança jurídica das partes; o *formalismo*, no entanto, é uma perversão, uma deturpação.

A praxe judiciária, a propósito, em elogiável atitude revolucionária, tem dado alguns passos adiante, rumo à plena consagração do princípio da instrumentalidade. Mencione-se, com exemplo, a citação ou intimação de réu estabelecido ou domiciliado em comarca distinta daquela em que a ação foi proposta, cujo ato é realizado via postal e não mediante carta precatória. O processo civil, aliás, tem seguido os passos inovadores do processo do trabalho. Basta que se leia o art. 247, do CPC.

Voltemos à realidade do processo do trabalho, para repisar a observação de que, a despeito de, em determinados casos, não se observar a forma legal, o ato atingir o objetivo desejado por lei, não se pronunciará a nulidade; a única possibilidade de o desvio da moldura legal conduzir à declaração de nulidade seria se disso resultasse manifesto *prejuízo* à parte, cabendo a esta, por certo, a prova do fato.

3. Princípio da convalidação

Expressa que a nulidade pode ser sanada pelo consentimento da parte contrária, salvo se resultar de quebrantamento de norma pública cogente.

Duas conclusões práticas se extraem desse princípio: a) a nulidade *relativa* pode ser sempre convalidada pela anuência do litigante adverso; b) a *absoluta*, nunca.

No primeiro caso, o assentimento poderia ser tácito ou expresso; tácito ocorreria, p. ex., sempre que o réu deixasse de arguir a exceção de incompetência *ratione loci* do juízo, fazendo com que, pelo silêncio, a competência acabasse se estabelecendo em favor deste. É que a incompetência em razão do lugar é relativa. Já a *ratione materiae* e a *ratione personae*, sendo absolutas, não seriam afetadas pelo eventual silêncio da parte. Nessa hipótese, poderia o juízo delas conhecer de ofício, em qualquer tempo ou grau de jurisdição (CPC, art. 64, § 1.º) – enquanto não formada a coisa julgada material, alertemos.

Em rigor, não há, na CLT ou no CPC, uma norma específica, na qual se possa afirmar estar presente o princípio da convalidação, segundo o seu enunciado na doutrina ("a nulidade pode ser sanada pelo consentimento, mesmo tácito, da parte contrária").

4. Princípio da proteção

Só se acolhe a nulidade se não for possível suprir a falta ou repetir o ato, desde que não tenha sido arguida por quem lhe deu causa (CLT, art. 796, "*a*" e "*b*"; CPC, art. 276).

Em certos casos, por exemplo, o juiz pode converter o julgamento em diligência para que seja praticado um ato *omitido* pelo próprio juízo (oferecimento da oportunidade para aduzir razões finais), ou para que seja *repetido* um ato realizado de forma irregular (aceitação de razões finais por escrito, fora da audiência). Suprida a falta ou repetido o ato, salva-se o processo da declaração de nulidade, evitando-se, com essa providência, um desperdício de atividade jurisdicional e, mesmo, de tempo, privada.

O princípio em estudo somente faz sentido, como se percebe, se for aplicado antes do julgamento, pois o seu escopo é, exatamente, o de evitar a pronúncia de nulidade. E essa pronunciação é feita quando do julgamento. Dessa maneira, estamos a sustentar que se o juiz de primeiro grau não mandasse suprir a falta, nem repetir o ato, quando essas providências fossem necessárias, o tribunal, caso desse provimento ao recurso da parte prejudicada, no exemplo mencionado, deveria decretar a nulidade do processo, a contar do momento em que a falta não fosse suprida, ou o ato, repetido. Logo, não poderia o tribunal fazer uso do princípio da proteção, na espécie em exame, pois esse princípio é, teleologicamente, inconciliável com o decreto de nulificação do processo — decreto que ele visa, justamente, a evitar. Todavia, o § 1.º, do art. 938, do CPC, estabelece que "Constatada a ocorrência de vício sanável, inclusive aquele que possa ser conhecido de ofício, o relator determinará a realização ou a renovação do ato processual, no próprio tribunal ou em primeiro grau de jurisdição, intimadas as partes". Cumprida a diligência, o relator, sempre que for possível, prosseguirá no julgamento do recurso (*ibidem*, § 1º).

A respeito desta norma legal, algumas observações devem ser feitas: a) em primeiro lugar, ela só incide nos casos de nulidade sanável (ou suprível); b) em segundo, traduz um dever do relator; c) em terceiro, mesmo que seja cumprida a diligência saneadora, nem sempre haverá a continuidade de julgamento do recurso, a cuja conclusão se chega em decorrência da ressalva legal: "sempre que possível".

Vimos, até aqui, os princípios da transcendência, da instrumentalidade, da convalidação e da proteção – consagrados pela doutrina e pela jurisprudência.

Pensamos, todavia, ser possível inserir um quinto princípio, a que chamaríamos de *da desconsideração*, cuja sede legal é o § 2.º do art. 282, do CPC. Aqui está dito que quando o juiz puder decidir o mérito a favor da parte a quem a declaração de nulidade aproveita, não a pronunciará, nem mandará repetir o ato, ou suprir-lhe a falta. Não se trata, aqui, de um desdobramento do princípio da proteção, e sim, de uma categoria distinta. Rotulamos de *da desconsideração* a esse princípio, porque, na prática, o juiz *desconsidera* a nulidade toda vez que o mérito pode ser decidido em favor da parte a quem a declaração de nulidade favoreceria.

Revelados os princípios a que denominamos de *moderadores do sistema das nulidades processuais*, cabe-nos expender uma nota final sobre o problema da arguição da invalidade dos atos do processo. Tanto o processo do trabalho (CLT, art. 796, "b") quanto o civil (CPC, art. 276) contêm regra de que a nulidade não pode ser alegada por quem lhe tenha dado causa. De certa forma, é a aplicação do apotegma *nemo allegans propriam turpitudinem auditur*, oriundo do direito romano, concebido para combater o dolo processual. Não é ético, portanto, que alguém, tendo sido o causador da nulidade, venha a alegá-la em seu benefício. Fosse isso possível, estaria a tirar proveito da própria torpeza.

Essa regra, no entanto, só pode ser aplicada às anulabilidades (e, também, às meras irregularidades), na medida em que as nulidades (absolutas) podem e devem ser decretadas pelo juiz, *ex officio*, em virtude de serem derivantes de infração a normas de ordem pública. Deste modo, mesmo que a parte tenha dado causa à nulidade, nada a impede de alegá-las em juízo, ainda que venha a ser beneficiada pelo decreto jurisdicional de nulificação do ato. O regime das nulidades não é igual ao das anulabilidades.

A par dos princípios examinados, situam-se alguns preceitos legais, de grande utilidade para a matéria relativa às nulidades processuais. Um deles estabelece que anulado o ato serão reputados de nenhum efeito todos os subsequentes, que dele dependerem (CPC, art. 281); sob outro aspecto, diz-se que a nulidade de uma parte do ato não contaminará as outras, que dela sejam independentes (*ibidem*). A exata compreensão desse preceito recomenda que se lembre a classificação doutrinária dos atos processuais em três espécies: a) simples; b) compostos; c) complexos.

Os atos *simples* são os que têm existência isolada, vale dizer, em si mesmos; para a sua validade nada mais se exige que a atividade da parte. Os *compostos* (ou complexos), ao contrário, são constituídos pela aglutinação de vários atos simples, sem que estes percam a sua individualidade. Daí por que duas ordens de efeitos jurídicos caracterizam esses atos: os efeitos provenientes de cada ato unitário e os efeitos decorrentes do conjunto deles. Os atos *compostos,* segundo *Carnelutti,* se apresentam como uma variedade dos atos simples (ou singulares), distinguindo-se em sua forma, no sentido de que para produzirem o efeito jurídico é necessário não apenas uma só ação, mas uma multiplicidade de ações" ("Sistema di Diritto Processuale Civile", Padova: Cedam, 1936, n. 432, II/108).

No tribunal, a arguição de nulidade será apreciada preliminarmente, ou seja, antes do exame do mérito, deste não se conhecendo se incompatível com a decisão tomada em relação àquela (CPC, art. 560, *caput*). Sendo a nulidade sanável, o órgão *ad quem,* havendo necessidade, converterá o julgamento em diligência, determinando a remessa dos autos ao juiz de primeiro grau, a fim de ser eliminado o vício (*idem, ibidem,* parágrafo único). Tratando-se de recurso ordinário, a norma regente será a do § 1.º do art. 938, do CPC.

Mesmo sendo o caso de nulidade suprível, a regra da conversão do julgamento em diligência não vem sendo, no geral, observada pelos tribunais trabalhistas; no plano ideal, seria desejável que o fosse, como medida tendente a evitar uma demora angustiante na formação da coisa julgada, pois a pronúncia de nulidade traz a consequência danosa de implicar a invalidade do processo a contar do ato inquinado, ao passo que a conversão do julgamento em diligência teria o efeito benéfico de acarretar, unicamente, o saneamento do ato imprestável.

Se a preliminar de nulidade for rejeitada, ou se a apreciação do mérito não for com ela incompatível, iniciar-se-á a discussão e o julgamento da matéria principal, pronunciando-se a respeito desta os juízes vencidos na preliminar (CPC, art. 939).

Capítulo XXXI

Eficácia e Substitutividade da Decisão Proferida pelo Juízo Recursal

A sentença, embora tenha sido elaborada com estrita observância aos requisitos exigidos pelos arts. 832, *caput*, da CLT, e 489, do CPC, e regularmente publicada (CLT, art. 834), encontra-se ainda destituída de *eficácia*. Sucede que essa eficácia do pronunciamento jurisdicional apenas é liberada com o trânsito em julgado. Antes disso, a sentença pende de condição geral suspensiva, representada pela não interponibilidade de recurso. Interposto o apelo, a *ineficácia* do julgado se prorroga, e em alguns casos fica mesmo extinta, como procuraremos expor em seguida. A essa regra de eficácia subordinada somente não se submetem aquelas sentenças que a lei fez irrecorríveis, já ao nascerem (Lei n. 5.584/70, art. 2.º, § 4.º).

Estabelece o art. 1.008 do CPC que o julgamento proferido pelo órgão *ad quem* substitui a sentença ou a decisão recorrida naquilo em que tiver sido objeto de impugnação. A regra, por suas repercussões na ordem prática, merece ser comentada.

No tecnicismo da linguagem processual diz-se que o órgão de reexame pode: a) admitir o recurso; ou b) não o admitir. Admitindo-o, poderá: a.a) dar-lhe provimento; ou a.b) negar-lhe. No primeiro caso, o provimento pode ser a.a.a) total; ou a.a.b) parcial. Analisemos, agora, esses resultados de julgamento pelo tribunal, diante do disposto no art. 1.008 do CPC.

1. Recurso admitido

Quando o tribunal *admite* o recurso, mas lhe nega provimento, tem-se dito que houve *confirmação* da sentença impugnada. Embora consagrada, não nos parece correta essa assertiva. Ora, mesmo quando o órgão *ad quem* deixa de prover o recurso, é a sua decisão que passa a prevalecer no mundo jurídico, *em substituição* à de primeiro grau. Conforme observa Pontes de Miranda a sentença do juízo inferior fica, na hipótese, a figurar apenas como *conteúdo* documental e lógico do acórdão, concluindo que a remissão à sentença só se justifica *brevitatis causa*, quer dizer, pelo menor esforço dos juízes do grau superior, economizadores de tempo e de redação: "Sentença de primeira instância somente há, depois de julgado o recurso, se algo lhe passara em julgado" (obra cit., p. 168). O art. 895, § 1.º, inciso IV, da CLT, incide no equívoco de aludir à "confirmação" da sentença. Assim, também, o art. 496, *caput*, do CPC.

Se o recurso interposto (digamos, pelo autor) é *parcial* e o provimento *integral*, passam a coexistir dois pronunciamentos jurisdicionais, que constituirão, mais tarde, o título executivo judicial que legitimará a execução por quantia certa: a decisão de primeiro grau (sentença), *naquilo em que não foi impugnada*, e a do *ad quem (acórdão)* que proveu o apelo. Sob o aspecto estrito do recurso, a substituição, na espécie, foi *integral*, pois a teor do art. 1.008 do CPC a extensão da substitutividade é mensurada, especificamente, com vistas à quantidade de matéria impugnada.

Sendo *total* a impugnação e *parcial* o provimento do recurso, a substituição pelo acórdão, é *total*, nos termos do dispositivo do processo civil, mencionado. Ocorrendo de ser *total* a impugnação e o próprio provimento, resulta claro que a substituição também é *plena*, desaparecendo, em face disto, da ordem jurídico-processual a sentença.

2. Recurso não admitido

Cabe, aqui, reiterarmos uma nota sobre uma questão terminológica, lançada em p.nas anteriores: em que pese ao fato notório de, na generalidade dos casos, utilizar-se o verbo *conhecer*, em tema de recurso (conhece-se do recurso, não se conhece do recurso etc.), em rigor, o verbo deveria ser *admitir* (admite-se o recurso, não se admite o recurso etc.), pois, afinal de contas, o juízo é de *admissibilidade*, e não de *conhecimento*. O vocábulo *conhecimento* é mais adequado à classificação dos processos: de conhecimento, de execução, cautelar etc., motivo por que o seu uso, em tema de recurso, revela-se algo confusionista. Na linguagem processual, *cognição* é a relação que se estabelece entre o juiz, como ser cognoscente, e os fatos da causa, como objeto cognoscível.

Quando o tribunal não admite o recurso (por ausência de um ou mais dos pressupostos de admissibilidade), é elementar que o acórdão não ingressou no exame do mérito, não apreciou a *matéria impugnada* a que se refere o art. 1.008 do CPC; logo, não substituiu a sentença. O que se executará (se este for o caso), em futuro, será a decisão de primeiro grau e não o acórdão do juízo superior. A particularidade a ser ressaltada é que o trânsito em julgado do acórdão libera a *eficácia* da sentença, até então sobrestada pelo recurso interposto.

Outra nótula importante deve ser lançada, desta feita, alusiva ao binômio: inadmissibilidade de recurso/ação rescisória. Ocorre que, não sendo admito o recurso, o último pronunciamento acerca do mérito (CPC, art. 966, *caput*), terá sido realizado pela sentença. Assim, para efeito de exercício de ação rescisória: a) o objeto da ação será a sentença, não o acórdão; b) todavia, o prazo de dois anos (CPC, art. 975), para a propositura da ação, será contado da data do trânsito em julgado do acórdão (TST, Súmula n. 100, I). Segue-se, que se, na situação em exame, a parte ingressar com ação rescisória do acórdão (com a finalidade de discutir o mérito da causa), deverá ser declarada carecedora da ação, por falta de interesse processual, uma vez que a resolução da lide (mérito) foi feita pela sentença, não pelo acórdão.

Nas situações inversas, ou seja, em que o acórdão examina o mérito, se a parte exercer ação rescisória, tendo como objeto a sentença, deverá, também, ser declarada carecente da ação, por falta de interesse processual, pois está pretendendo rescindir algo que já não existe, sabendo-se que o acórdão substitui, totalmente, a sentença (CPC, art. 1.008), mesmo que tenha negado provimento ao recurso, dela interposto.

A Súmula n. 100, do TST, dispõe, de maneira pormenorizada (são dez incisos) sobre a ação rescisória, as decisões rescindíveis, os prazos para o seu exercício etc.

Reclama estudo especial o recurso que visa à declaração de nulidade da sentença. Nesse caso, se o tribunal der provimento ao apelo, anulará a decisão de primeiro grau, fazendo com que se retorne ao *nihil* existente antes do proferimento daquela decisão; deixa de haver, portanto, qualquer pronunciamento sobre o mérito. Como se trata de recurso, a consequência será a devolução dos autos ao juízo inferior para que profira outra sentença, dessa vez, de maneira regular – ainda que o seu convencimento quanto à matéria de mérito se mantenha inalterado em relação ao que decidira na sentença anulada. O exemplo bem revela que o acórdão, na hipótese, não *substitui* a decisão do juízo inferior; apenas, a anula.

A existência de *iudicium rescindens* e de *iudicium rescissorium*, e a distinção entre ambos, só é relevante no plano da ação rescisória, cuja competência para julgá-la é também do tribunal, mas de modo *originário* e não recursal. No *iudicium rescindens* cabe ao tribunal verificar se existe, ou não, na sentença rescindenda, o vício apontado pelo autor. Se entender que sim, a eficácia do acórdão será meramente desconstitutiva, porquanto desfaz, anula, a decisão de primeiro grau. No *iudicium rescissorium*, contudo, a atividade do tribunal se dirige para o reexame do mérito propriamente dito, cumprindo-lhe prolatar outra decisão, substitutiva da anterior, invalidada. Esclareça-se que o *iudicium rescindens* não vincula o *rescissorium*; sendo assim, pode o tribunal desconstituir a sentença, como pretendia o autor, mas rejeitar os pedidos de mérito por este formulados. Isto significa que o autor pode sair-se vencedor no *iudicium rescindens* e vencido no *iudicium rescissorium*, como pode ser vencedor ou ficar vencido em ambos.

Nunca é inútil advertir para que se evite confusão entre *iudicium rescindens* e *iudicium rescissorium*, de um lado, e provimento do recurso e substituição da decisão impugnada, de outro; diferem-se não apenas pelos efeitos do acórdão, mas também pela competência dos órgãos judiciários, em certos casos.

Argumentemos, uma vez mais, com a declaração de *nulidade* da sentença, obtida em grau de recurso; aqui, como dissemos, os autos são devolvidos ao juízo *a quo* para que profira outra; na rescisória, desconstituídos os efeitos da sentença rescindenda, é ao próprio tribunal que compete proferir novo julgamento, desde que este tenha sido solicitado pelo autor (CPC, art. 968, I).

Capítulo XXXII

RECURSO EXTRAORDINÁRIO E EXECUÇÃO DA SENTENÇA

No processo do trabalho, o princípio legal é de que os recursos serão sempre recebidos no efeito meramente devolutivo (CLT, art. 899, *caput*), que, aliás, lhes é inerente. Essa regra submete, em consequência, todos os recursos trabalhistas *típicos*, a que alude o art. 893 da CLT, conquanto o agravo de petição tenha efeito suspensivo (em relação às matérias e valores impugnados) e o agravo de instrumento também possa tê-lo. Todavia, o agravo de instrumento interposto da decisão que não admite agravo de petição não possui efeito suspensivo (CLT, art. 897, § 2.º).

Sendo, porém, o *extraordinário* um recurso forâneo, cujo procedimento é tomado por empréstimo ao processo civil (CPC, art. 1.029), é necessário examinar se o seu recebimento, no processo do trabalho, deverá ser no efeito apenas devolutivo, ou também no suspensivo. É o mesmo que perguntar: é provisória ou definitiva a execução da sentença na pendência do recurso extraordinário?

Na vigência do CPC de 1939 verificou-se intensa cizânia doutrinária acerca do assunto; ao longo de tal cinca, diversos argumentos foram expostos – todos judiciosos –, tanto de um lado quanto de outro, acabando, no entanto, por tornar-se predominante a corrente que sustentava ser *definitiva* a execução. Esse entendimento ficou cristalizado na Súmula n. 228 do STF, que dispunha *não ser provisória* a execução quando a decisão exequenda pendia de recurso extraordinário, ou mesmo de agravo destinado a fazê-lo admitir. É interessante anotar que como *referências legais* da Súmula em questão foram indicados, expressamente, não apenas os arts. 882, II, e 808, do CPC de 1939, *mas também o art.* 893, § 2.º, da CLT.

A precitada norma processual trabalhista, ao dispor que a interposição de recurso para o STF não prejudicará a execução do julgado, igualmente rendeu ensejo a uma polêmica doutrinária e jurisprudencial sobre ser provisória ou definitiva essa execução, motivo por que a Súmula n. 228, do STF, aproveitou a oportunidade para referir-se ao § 2.º do art. 893 da CLT.

Com o advento do CPC de 1973, a controvérsia, ao contrário do que se imaginava, subsistiu, pois o art. 497, em disposição indefinida, limitou-se a declarar que "O recurso extraordinário não suspende a execução da sentença", descuidando-se, porém, de explicitar se esta seria provisória ou definitiva. Daí a continuidade, nos primeiros dias de vigência do novo Código, da antiga discussão a respeito do tema.

O problema foi solucionado pela Lei n. 5.925, de 1.º de outubro de 1973, que acrescentou o § 4.º ao art. 543 do CPC, estatuindo, *verbis*: "O recurso extraordinário será recebido unicamente no efeito *devolutivo*" (sublinhamos), com o que, segundo se nota, não somente deixou evidenciada a *provisoriedade* da execução na pendência de recurso extraordinário, como revogou a Súmula n. 228 do STF, cuja existência, a partir daí, passou a ter interesse meramente histórico. Afirmamos que a questão foi aclarada pelo citado § 4.º na medida em que o art. 587 do CPC de 1973 estabeleceu ser provisória a execução quando a sentença (ou o acórdão, acrescentamos) for impugnada mediante recurso recebido só no efeito devolutivo.

Desta forma, da conjugação do art. 587 com o § 4.º do art. 543, ambos do CPC, passou-se a extrair a única conclusão possível: a de que, na pendência do recurso extraordinário, a execução do julgado era apenas provisória, inclusive no processo do trabalho.

Forremo-nos de apreciar, aqui, o acerto ou desacerto da Lei n. 5.925/73, que, como sabemos, recebeu duras críticas da doutrina processual civil, por haver contrariado, de frente, o pensamento doutrinário e jurisprudencial então assente, no sentido de ser definitiva a execução em exame; interessa-nos somente demonstrar que após o advento daquela Lei já não havia mais lugar para a velha disputa com relação ao assunto. Em todo o caso, parece-nos razoável a crítica formulada por Amílcar de Castro (*Comentários ao Código de Processo Civil*, São Paulo: Rev. dos Trib., 1976. p. 62) de que a mencionada lei implicou retrocesso: "Afinal nada tem de impressionante o argumento, para assustar, de que não serão dificilmente reparáveis os danos ocasionados pela execução definitiva (completa), em caso de ser provido o recurso extraordinário pelo Supremo Tribunal Federal, pois, antes da vigência do anterior Código de Processo Civil, não havia diferença entre execução provisória e definitiva, isto é, a que se realizava na pendência de apelação obedecia às mesmas regras da que era levada a efeito depois de transitada a sentença em julgado, e este sistema funcionava satisfatoriamente", concluindo o ilustre jurista: "Assim sendo, deve entender-se que o novo Código piorou a jurisprudência, firmada na vigência do Código anterior".

Posteriormente, a Lei n. 8.038/90: a) revoga os arts. 541 a 546, do CPC; e b) altera a redação do art. 497, do mesmo Código, para declarar que o recurso extraordinário e o especial não *impedem* a execução da sentença. Mais tarde, a Lei n. 8.950/94: a) revigorou os arts. 541 a 546, do CPC; b) deu nova redação ao § 2.º do art. 542, do CPC, para dispor que "Os recursos extraordinário e especial serão recebidos no efeito devolutivo".

Sobrevém o CPC de 2015, cujo art. 995 estabelece, em caráter geral: "Os recursos não impedem a eficácia da decisão, salvo disposição legal ou disposição judicial em sentido diverso", esclarecendo, o seu parágrafo único, que a eficácia da decisão recorrida poderá ser suspensa por decisão do relator, caso a imediata produção dos seus efeitos possa acarretar risco de grave dano, de difícil ou impossível reparação, e ficar demonstrada a probabilidade de provimento do recurso. Em suma, o recurso extraordinário não possui efeito suspensivo; caso o recorrente pretenda que o tenha, deverá formular requerimento nesse sentido, dirigindo-o a uma das pessoas mencionadas no § 5.º, do art. 1.029, do CPC.

É com vistas ao que expusemos que deve ser interpretada a norma do art. 893, § 2.º, da CLT, até porque eventual opinião divergente poderia conduzir a uma situação de inconveniente desarmonia no trato jurídico da matéria, porquanto, no processo civil, a execução (pendente de julgamento do recurso extraordinário interposto) continuaria a ser *provisória, ex vi* do art. 995 do CPC, ao passo que, no do trabalho, seria *definitiva*. Não nos parece aconselhável essa diversidade de soluções, pois se trata de um mesmo instituto processual - de origem, inclusive, constitucional - que reclama, por isso, um tratamento uniforme, sem submeter-se a adaptações impostas pelas singularidades dos processos em que incide. Em síntese: o recurso extraordinário é dotado de efeito, apenas, devolutivo. Inteligência dos arts. 905 e 1.029, § 5.º, do CPC. A propósito do assunto, estabelece a Orientação Jurisprudencial n. 56, da SBDI-II, do TST: "Mandado de segurança. Execução. Pendência de recurso extraordinário. Não há direito líquido e certo à execução definitiva na pendência de recurso extraordinário, ou de agravo de instrumento visando a destrancá-lo".

Pensamos ser necessário que, *de lege ferenda*, o processo do trabalho contenha norma que disponha acerca do *efeito* em que o recurso extraordinário é admitido, a fim de evitar, em definitivo, o estabelecimento de controvérsias doutrinárias a respeito do assunto; com vistas a isso, antecipamos o nosso parecer de que deva ser apenas *devolutivo* esse efeito. Nenhum prejuízo daí adviria aos interesses do credor-exequente, sabendo-se que a execução provisória se estende até aos atos de constrição patrimonial do devedor (CLT, art. 899, *caput*), de modo a assegurar o êxito da futura execução definitiva.

Capítulo XXXIII

O RETORNO DOS AUTOS AO JUÍZO DE ORIGEM

Admitido o recurso pelo órgão *a quo* e decorrido o prazo para o oferecimento de contrarrazões, pelo recorrido, os autos serão encaminhados ao juízo *ad quem* competente. A remessa dos autos ao tribunal não significa, só por isso, que o juízo superior esteja automaticamente obrigado a ingressar no exame do mérito do apelo. Conforme procuramos demonstrar, em item anterior (n. 17), a decisão de admissibilidade proferido pelo órgão *a quo* não tem efeito vinculativo do *ad quem* (pois é destituído da eficácia de coisa julgada formal), que poderá, por isso, não admitir o recurso, dele se exigindo, no entanto, que indique as razões que motivaram essa decisão (Const. Federal, art. 93, inciso IX). Caso o juízo superior venha a admitir o recurso, adentrará na apreciação do mérito, concedendo ou negando provimento ao apelo.

Em regra, ao tribunal são remetidos os próprios autos (ditos principais) em que foi proferida a sentença impugnada, pois é com base em todo o material deles constantes que o órgão *ad quem* irá trabalhar em sua tarefa de, reexaminando as matérias impugnadas, verificar da necessidade da "reforma" da decisão recorrida, ou não. Excepcionalmente, entretanto, como acontece com o agravo de instrumento (CLT, art. 897, "*b*"), e pode ocorrer com o agravo de petição (CLT, art. 897, § 3.º), o recurso é encaminhado em autos *apartados*, porquanto os principais permanecem trancados no juízo *a quo* em decorrência da decisão denegatória do recurso principal. Dando provimento ao agravo, o tribunal determinará a liberação dos autos principais e o consequente envio destes para reexame.

Transitado em julgado o acórdão, que tenha admitido ou não o recurso, exaure-se a competência do órgão *ad quem naquele recurso*, incumbindo-lhe, diante disso, ordenar o retorno dos autos ao juízo de origem. Dissemos *naquele recurso*, porque poderia acontecer de o tribunal ser provocado a pronunciar-se *outra vez* sobre o mesmo caso concreto, embora por força de novo recurso, assim entendido o que tenha impugnado agora outra resolução judicial proferida no mesmo processo. Seria o caso, *e.g.*, de a parte haver interposto recurso ordinário e, mais tarde, o de agravo de petição.

Chegando os autos ao órgão, *a quo*, este deverá, mediante intimação, dar ciência do fato às partes, para requererem o que entenderem de direito (remessa dos autos à Contadoria para a confecção dos cálculos; oferecimento de artigos de liquidação; solicitarem a liberação de quantias depositadas etc.); em certas hipóteses, todavia, torna-se desnecessária a intimação das partes quanto ao retorno dos autos, no momento em que estes chegam ao juízo de origem. Admitamos, por exemplo, que o tribunal tenha declarado a nulidade do processo a contar, inclusive, da audiência de instrução; baixados os autos, cumprirá ao órgão *a quo* designar nova audiência, determinando, só depois disso, a intimação das partes – salvo se, em situação peculiar, estas devam pronunciar-se a respeito da espécie de provas que desejam produzir em a nova audiência.

É oportuno frisar que incide, no caso de retorno dos autos, a norma do art. 106, I e § 2.º, do CPC, que considera realizada (válida" - *sic* - diz a lei) a intimação que for remetida, mediante carta registrada ou forma eletrônica, para o endereço existente nos autos, pouco importando que a parte nele já não resida ou não se encontre estabelecida, se dessa mudança não comunicou, previamente, ao juízo por onde se processa o feito. Antes disso, o advogado será intimado a suprir a omissão, no prazo de cinco dias (*ibidem*, § 1.º). É regra que atua, por inteiro, no processo do trabalho, ainda mesmo que a parte esteja exercendo o seu *ius postulandi* (CLT, art. 791, *caput*).

Problema delicado, e de ocorrência amiúde na prática, se refere à inércia das partes em face do despacho judicial que lhes deu ciência do retorno dos autos, a fim de que requeressem o que reputassem ser de direito. O problema é, antes de tudo, multifacetado, apresentando causas e soluções heterogêneas.

Se o despacho foi para que as partes apresentassem os seus cálculos, visando a tornar líquida a obrigação contida no título executivo sentencial, a providência será justificável, após o advento da Lei n. 10.035/2000, que inseriu o § 1.º-B, no art. 879, da CLT. Anteriormente à precitada norma legal, a incumbência de elaborar os cálculos era do contador do juízo (que se tem denominado de "perito"), embora, por força da praxe, se viesse ordenando que os cálculos fossem efetuados pelas partes. Essa praxe, contudo, era, a nosso ver, contrária à lei, então vigente. Por força do § 1.°-B, do art. 879, da CLT, no entanto, o juiz passou a estar autorizado a intimar as partes, a fim de apresentarem os cálculos de liquidação, malgrado nada o impeça de determinar que estes sejam confeccionados pelo contador. Se a espécie fosse de apresentação de *artigos*, o despacho intimatório também estaria correto, conquanto o problema surgisse se a parte interessada não atendesse à determinação judicial. O juízo, como é evidente, não pode substituir a parte na oferta dos referidos artigos. Nem poderia declarar extinto o processo *sem* julgamento do mérito, com fulcro no art. 267, III, do CPC de 1973 (art. 485, III, do CPC de 2015), pois, no caso, já houve pronunciamento acerca das questões de fundo, haja vista que se estava para promover a execução da sentença condenatória do réu-devedor. É também óbvio que, nesta hipótese, o processo não se poderia findar, mesmo com exame do mérito, por absoluta falta de previsão legal. Não nos parece possível, igualmente, suspendê-lo pelo prazo de um ano, com base na Lei n. 6.830/80 (art. 40), pois esta apenas cogita de suspensão do processo *de execução* e, na hipótese, os artigos se destinaram a *preparar* a execução – embora reconheçamos que sob o prisma *sistemático* a liquidação integra a execução. A solução que melhor atenderia às exigências jurídicas seria aguardar-se o decurso de dois anos a contar da intimação, para, persistindo a inércia da parte, declarar-se a *prescrição intercorrente*, que é perfeitamente compatível com o processo do trabalho, na situação em exame, nada obstante a Súmula n. 114 do TST tenha adotado orientação oposta e generalizante. Nosso pensamento a respeito da prescrição intercorrente neste processo especializado foi exposto, com maior amplitude, em outra obra, à qual remetemos o leitor (*Liquidação da Sentença no Processo do Trabalho*, São Paulo: LTr, 1984, p. 147/150). Em todo o caso, devemos esclarecer que o art. 884, § 1.º, da CLT, permite ao devedor alegar, por ocasião de seus embargos à execução, entre outras matérias, a pertinente à *prescrição*. Ora, que prescrição seria essa, senão a intercorrente, vale dizer, a que se forma depois do ingresso em juízo, sabendo-se que a prescrição originária deveria ter sido alegada no processo do conhecimento? Vê-se, pois, que a Súmula n. 114, do TST, está em manifesto antagonismo com a Lei, motivo por que sugerimos o cancelamento daquela.

Se o tribunal "confirmar" a sentença que havia rejeitado todos os pedidos formulados pelo autor (julgado improcedente a ação, diz a praxe, em má construção), a intimação deste quanto ao retorno dos autos, por princípio, seria de nenhuma utilidade, cabendo ao juízo de origem determinar, ato contínuo, o arquivamento dos autos, exceto se houvesse custas ou outras despesas processuais a serem satisfeitas.

Tratando-se de acórdão que tenha pronunciado a nulidade apenas da sentença impugnada (à qual teria faltado, *e.g.*, o dispositivo), não se há que intimar as partes da baixa dos autos; a medida é desnecessária. A providência que se impõe, isto sim, é a emissão de nova sentença, desta feita formalmente correta, no lugar da anterior, anulada pelo juízo *ad quem*. É certo que a intimação dos litigantes estaria, mesmo assim, justificada na hipótese de se contar da data da publicação da (nova) sentença, o prazo para recurso (na forma da Súmula n. 197 do TST); aqui, haveria necessidade concreta de dar-se ciência não propriamente da volta dos autos, mas da data em que ocorreria a prolação da sentença.

Enfim, é a experiência na judicatura, somada ao bom senso, que dirá, em cada caso concreto, quando será necessário (ou, pelo menos, aconselhável) dar-se conhecimento às partes do retorno dos autos, do órgão *ad quem*, e quando essa comunicação será dispensável.

De qualquer modo, tanto a remessa dos autos ao órgão de revisão, quanto o regresso deste ao juízo inferior, devem ser certificados nos autos mediante registro manuscrito, datilografado ou a carimbo (CLT, art. 771), pelos funcionários dos respectivos órgãos a quem esse encargo competir, legal ou regimentalmente.

Capítulo XXXIV

Os recursos nas tutelas provisórias

O CPC de 2015 introduziu profunda alteração no âmbito das medidas cautelares reguladas pelo CPC de 1973, passando a denominá-las de *tutelas provisórias*. Essas tutelas compreendem: a) as de urgência e b) as da evidência (art. 294). As tutelas de urgência se subdividem em: a.a.) cautelar e a.b.) antecipada, podendo, tanto uma quanto outra, ser concedida em caráter antecedente ou incidental (*ibidem*, parágrafo único).

Essa expressiva inovação do CPC de 2015 nos obrigou a reformular, por inteiro, o que havíamos escrito em outros livros, sob o título de "Os recursos no processo cautelar", substituindo-o por "Os recursos nas tutelas provisórias".

Não desejando descer às minúcias, lançamos considerações gerais sobre as tutelas de urgência, antecipada e cautelar, requeridas em caráter antecedente e incidental, sob a perspectiva do processo do trabalho.

1. Tutela antecipada requerida em caráter antecedente

É requerida nos casos em que a urgência for contemporânea à propositura da ação (CPC, art. 303, *caput*).

Casuística:

a.a.) Se o autor deixar de *aditar* a petição inicial, conforme prevê o art. 303, § 1.º, I, do CPC, o processo será extinto sem resolução do mérito (*ibidem*, § 2.º). A extinção dar-se-á por sentença (CPC, art. 203, § 1.º), sendo assim, dela será interponível recurso ordinário (CLT, art. 895, I).

a.b.) De igual modo, se o autor deixar de *emendar* a petição inicial, na situação prevista pelo § 6.º, do art. 303, do CPC, o processo será extinto sem resolução do mérito, por sentença (*ibidem*, art. 203, § 1.º), da qual caberá recurso ordinário (CLT, art. 895, I).

Note-se que, no caso da letra *a.a.* retro, há *aditamento* (acréscimo); no da letra *a.b.*, *emenda* (correção).

a.c.) Concedida a tutela, na forma do art. 303, do CPC, ela se torna estável se não for impugnada por meio de recurso (CPC, art. 304, *caput*), que seria o ordinário (CLT, art. 895, I).

2. Tutela cautelar requerida em caráter antecedente

b.a.) A estabilidade dos efeitos da tutela poderá ser afastada mediante decisão proferida na ação específica, a que se refere o § 6.º, do art. 304, do CPC). Essa decisão também traduz sentença (CPC, art. 203, § 1.º), podendo, por isso, ser objeto de recurso ordinário (CLT, art. 895, I).

3. A tutela incidental

Como a própria expressão indica – a tutela incidental é requerida no curso de um processo (principal). Sendo assim, as decisões aí proferidas possuem natureza interlocutória (CPC, art. 203, § 2.º). No sistema do processo do trabalho, essas decisões são irrecorríveis (de imediato e de maneira autônoma), nos termos do art. 893, § 1.º, da CLT. Sendo assim, por princípio, somente poderão ser impugnadas quando da sentença que resolver a lide. Não fica afastada, entretanto, a possibilidade de impetração de mandado de segurança, desde que o impetrante se sinta seguro para demonstrar a existência de seu direito líquido e certo em ver modificada a decisão judicial que contrariou os seus interesses deduzidos no processo.

A propósito, mesmo nas tutelas de urgência requeridas em caráter *antecedente*, em que o juiz a conceder, liminarmente (CPC, art. 300, § 2.º), deverá ser admitida a impetração de mandado de segurança, incumbindo, também aqui, ao impetrante comprovar a existência do requisito legal do "direito líquido e certo". Na vigência do CPC de 1973, por exemplo, a Súmula n. 414, item II, do TST, admitia o uso do *mandamus* para impugnar decisão concessiva da antecipação dos efeitos da tutela, de que tratava o art. 273, daquele Código. Na verdade, jurisprudência mais avançada admitia o *writ* mesmo nos casos em a decisão negava a antecipação dos efeitos da tutela. Um pequeno reparo doutrinário: aludimos, há pouco, ao "direito líquido e certo", como pressuposto legal (CF, art. 5.º, LXIX; Lei n. 12.016/2009, art. 1.º) para a concessão do mandado de segurança. Em rigor, os requisitos de liquidez e certeza não se referem ao *direito*, e sim, ao *fato* de que o direito se origina.

Não se deve falar em execução da tutela, pois isso poderia conduzir à injustificável confusão que se estabeleceu na vigência do CPC de 1973, em relação às medidas cautelares, levando alguns estudiosos a sustentar que da decisão proferida pelo juiz nessa "execução" seria cabível o recurso de agravo de petição (CLT, art. 897, "a").

O caso concreto, que relatamos nas edições anteriores deste livro, bem espelha a confusão em que andaram envolvidas a doutrina e a jurisprudência trabalhistas a respeito de temas cautelares e de outras questões a ele pertinentes.

"Uma empregada – com estabilidade no emprego – fora suspensa do exercício das suas funções, com prejuízo dos salários, até julgamento final do "inquérito" judicial tendente a apurar o cometimento da falta grave que lhe atribuíra o empregador. Apreensiva com o fato de ficar sem os meios pecuniários para prover a sua existência, a trabalhadora ingressa com ação cautelar inominada, pretendendo receber os seus salários durante a tramitação do "inquérito", no que não obtém êxito; o tribunal, contudo, dando provimento ao recurso por ela interposto da sentença cautelar, determina o *pagamento* dos salários até a definitiva solução do "inquérito". Do acórdão regional a empresa interpõe recurso de revista, que é recebido no efeito meramente devolutivo (*sic*). Extraída carta de sentença para o imediato cumprimento da decisão, o juiz de primeiro grau determina que a empresa efetue o *depósito* dos salários devidos à empregada, no que foi atendido. Requerendo, porém, o levantamento dessas quantias, a empregada é surpreendida pelo despacho exarado pelo juiz substituto, que naquela época respondia pela Vara, no sentido de que, como se cuidasse de *execução provisória (!)*, não seria possível liberar os salários depositados. Esse despacho motiva a que a empregada formule pedido de correição parcial, que não é acolhido pelo corregedor, mediante o fundamento de que o ato praticado pelo juiz de primeiro grau deveria ter sido impugnado pelo agravo de petição!

Data venia, o caso narrado revela uma série de equívocos em que incidiram – inadvertidamente, por certo – as autoridades judiciárias mencionadas. Em primeiro lugar, errou o juiz substituto ao supor que se tratasse de *execução forçada*, que estava sendo provisoriamente realizada; como dissemos anteriormente, a execução das providências cautelares traduz apenas a necessidade da realização de determinados atos materiais destinados a assegurar a eficácia inerente à cautela, sem que haja nisso qualquer identidade com o procedimento e com a finalidade próprios da execução forçada. O que há, pois, é *efetivação*, e não *execução*. Errou, uma vez mais, o juiz substituto ao argumentar com a provisoriedade da "execução", pois, com isso, além da falha já denunciada, estava a recusar cumprimento a acórdão emitido pelo tribunal, que ordenara o *pagamento* (= entrega do dinheiro) à empregada, mesmo durante a tramitação do "inquérito". Falhou, por sua parte, o corregedor, ao imaginar que esse ato do juiz de primeiro grau deveria ser impugnado pelo agravo de petição, pois para chegar a essa ilação se convenceu de que o caso era de *execução* semelhante à disciplinada pelos arts. 876 e segs. da CLT, daí por que incidiria o art. 897, *"a"*, do mesmo texto legal.

Interposto agravo regimental dessa decisão do corregedor, o tribunal, dando-lhe provimento, ordenou a liberação dos salários depositados, ou seja, impôs o acatamento ao acórdão por ele proferido e ao qual o juiz substituto não estava propenso a cumprir – não por inusitada rebeldia, mas por um compreensível desconhecimento do universo das medidas cautelares e das particularidades da *efetivação* que lhes é característica. A trabalhadora e o Direito respiraram, aliviados...".

Dizíamos, portanto, que em tema de medidas cautelares o que havia era *efetivação*, e não, *execução*. A *efetivação* significava – e ainda significa – a prática de determinados atos complementares à outorga da cautela, com o objetivo de tornar concreta, efetiva, a sua eficácia. Assim, das decisões do juiz na efetivação das tutelas provisórias não caberá agravo de petição, mas, recurso ordinário ou mandado de segurança, conforme seja o caso.

O CPC de 2015 faz correta referência à "*efetivação* da tutela provisória" (art. 297; destacamos), conquanto a vincule ao cumprimento provisório da sentença, "no que couber" (*ibidem*, parágrafo único)